Bernd-Lutz Lange
Magermilch und lange Strümpfe

Bernd-Lutz Lange

Magermilch und lange Strümpfe

Gustav Kiepenheuer Verlag

ISBN 3-378-00621-8

9. Auflage 2002
© Gustav Kiepenheuer Verlag GmbH, Leipzig 1999
Einbandgestaltung Torsten Lemme
Satz Dörlemann Satz, Lemförde
Druck und Binden Ebner Ulm
Printed in Germany

Dem Andenken meiner Eltern
und für meine Frau Stefanie

Vorwort

Magermilch und lange Strümpfe waren äußerliche Zeichen von Entbehrungen, die ich als Kind nicht als solche empfand. Meine Generation hatte keine besseren Zeiten erlebt, wir kannten nur diese. Wir nahmen unsere kleine Welt so, wie sie war. Von unseren Eltern erfuhren wir in vielen Geschichten, daß wir einer schrecklichen Katastrophe entkommen waren – dem Krieg. Wir hatten überlebt. Das wurde als ein großes Geschenk angesehen. In vielen Familien konnte nur die Mutter diese Geschichten erzählen. Noch einen Vater zu haben, galt als größtes Glück. Das Lied »Maikäfer flieg, der Vater ist im Krieg, die Mutter ist in Pommerland. Pommerland ist abgebrannt, Maikäfer flieg« war gerade noch bittere Realität gewesen.

Die Kinder meines Geburtsjahres haben die Geräusche des Krieges nur unbewußt wahrgenommen, wir haben nichts Schreckliches bewußt erlebt. Es war Friede, und wir bekamen jedes Jahr vier schöne Jahreszeiten geschenkt und kannten hundert verschiedene Spiele für Frühling, Sommer, Herbst und Winter. Ich bin dankbar, daß ich diese Zeit noch so lebendig in Erinnerung behalten habe. Ich hatte eine schöne Kindheit, und wir können unser Leben letztlich nur verlängern, wenn wir uns die gelebte Zeit bewußtmachen. Die Vergangenheit kann uns niemand nehmen. Die ist uns sicher.

Ich habe in Vorbereitung dieses Buches mit Frauen und Männern gesprochen, die ich aus Kindertagen kannte, und bedanke mich bei allen, die sich die Zeit genommen haben, mit mir in Erinnerungen zu kramen. Manchen hab ich über vierzig Jahre nicht gesehen und habe ihn doch sofort wiedererkannt: an den Augen, dem Lachen, dem Gang. Und jene, mit denen ich mich beim Spiel vor langer Zeit auf Straßen, Höfen und Wiesen gut verstand, mit denen hat es sofort wieder ein Verstehen gegeben, als lägen nicht Jahrzehnte dazwischen. Und manch einer von ihnen hat sich zum Glück auch ein Stück seines Kindseins bewahrt!

Erich Kästner sagt in seiner »Ansprache zum Schulbeginn«: »Laßt euch die Kindheit nicht austreiben! Schaut, die meisten Menschen legen ihre Kindheit ab wie einen alten Hut ... Ihr Leben kommt ihnen vor wie eine Dauerwurst, die sie allmählich aufessen, und was gegessen worden ist, existiert nicht mehr ... Nur wer erwachsen wird und Kind bleibt, ist ein Mensch!«

Krieg

Mein Leben verdanke ich einem Zufall.

Nach einer Untersuchung sagte ein Dresdner Frauenarzt meiner Mutter, daß mit ihr zwar alles in Ordnung sei, doch Kinder könne sie nicht mehr bekommen. Von diesem ärztlichen Bescheid muß sie meinem Vater etwa im Oktober 1943 erzählt haben, als er von seiner Wehrmachtsschreibstube in Polen Urlaub bekommen hatte.

Viele Gedanken wird er sich über die Mitteilung des Arztes nicht gemacht haben, ihn beschäftigten seine Kriegserlebnisse. Er erzählte meiner Mutter von einem Ghetto, an dem sie vorbeimarschiert seien, wie unmenschlich man mit den Juden umgehe und wie schrecklich es für Deutschland würde, wenn sich das nach dem Krieg räche.

Mein Vater dachte damals noch, daß es sich räche.

Ich erinnere mich an ein kleines Foto dieses Ghettos, das er von weitem aufgenommen hatte.

Der Lieblingsbruder meiner Mutter, Martin, hatte sich freiwillig zur Wehrmacht gemeldet. »Ich kann doch als lediger Mann nicht zu Hause bleiben, wenn Familienväter in den Krieg ziehen!« Meine Mutter hatte für diese Art von Moral kein Verständnis. Bei ihr entschied nur das Herz, für Politik hatte sie keinen Sinn. Und Krieg war für sie etwas Grausames; außerdem erinnerte sie sich noch lebhaft an jenen Kohlrübenwinter während des Ersten Weltkriegs.

Als Onkel Martin auf Urlaub und in unserer Dresdner Wohnung zu Besuch war, erklärte er mit Spielzeugsoldaten meines Bruders der Familie und Freunden den Frontverlauf. »Dort liegt der Iwan, hier sind wir.«

Onkel Martin, der meinem Bruder vor dem Krieg diese Elastolinfiguren geschenkt hatte, dachte inzwischen als Soldat ganz anders über den Krieg. Trotz oder wegen seiner

Orden – dem Panzerkampfabzeichen in Bronze, dem EK II. Klasse, dem Verwundetenabzeichen und der Nahkampfspange 1. Stufe, die man erhielt, wenn man »das Weiße im Auge des Gegners gesehen hatte«. Diese Formulierung ließ meine Mutter noch nach dem Krieg erschauern. Der Onkel erzählte, wie sie die russischen Panzer abschossen und abschossen, es rollten aber immer neue heran. Als ihn meine Mutter in Dresden zum Neustädter Bahnhof brachte, sagte er ihr zum Abschied: »Wenn ich an denselben Abschnitt der Front komme, sehen wir uns nicht wieder.«

Meine Mutter weinte. Sie winkten sich zu. Ein paar Wochen später traf die Todesnachricht ein. Der Kompanieführer schrieb an meinen Großvater in Zwickau:

»Sehr geehrter Herr Ehrler!

Ich habe die schmerzliche Pflicht ...«

Damit war schon alles klar, und meinem Großvater wird es das Herz abgeschnürt haben. Vielleicht hat er an seine Frau gedacht, die schon lange in Frieden ruhte und die ihren jüngsten Sohn wenigstens nicht betrauern mußte.

»Ihr Sohn fiel durch Kopfschuß, etwa 6 km südlich Orkei. Sein Heldentod wurde ihm nicht bewußt und bereitete ihm keinerlei Schmerzen.«

Sein Heldentod konnte ihm nicht bewußt werden, da er sich nicht als Held gefühlt hatte.

»Er wurde auf einem Soldatenfriedhof in Peresecina zur letzten Ruhe gebettet. Peresecina liegt etwa 16 km südl. Orkei.«

Weder Orkei noch Peresecina kannte in Zwickau ein Mensch, so konnten diese Namen meinem Großvater keine Vorstellung geben, wo sein Sohn begraben lag.

»Die Kompanie steht jetzt neben ihnen und fühlt, daß der Geist unseres lieben und tapferen Kameraden in uns weiterlebt und von uns nie vergessen wird.«

Die Kompanie stand nicht neben meinem Großvater, sondern lag im tiefsten Dreck im Osten, und jeder einzelne Soldat fühlte vermutlich etwas ganz anderes, nämlich, daß es ihm als nächstem an den Soldatenkragen gehen könnte.

Dann versicherte der Kompanieführer meinem Großvater noch die »allerwärmste Anteilnahme« und behauptete, mein Onkel habe »sein Alles für den Kampf um die Zukunft unseres herrlichen Volkes« eingesetzt.

»Sein Alles« war sein Leben. Und das opferte er sogar freiwillig.

Der Brief ist datiert auf den 8. Mai 1944. Die »Zukunft« des deutschen Volkes währte noch genau ein Jahr.

Einen weiteren Brief bekam mein Großvater vom Kriegspfarrer Wolfgang Jung, mit ein paar Fotos vom Grabe und dem seelsorgerlich beeindruckenden Satz: »Möge Ihnen das Bildchen wenigstens ein kleiner Trost sein können.«

Wie soll ein Foto vom Grab des Sohnes den Vater trösten?

Für meinen elfjährigen Bruder Martin, der seinen Onkel wie einen großen Bruder geliebt hatte, brach eine Welt zusammen. Jegliche kindliche Begeisterung für das System kippte ins Gegenteil, das Interesse an Führer, Wehrmacht und Krieg war erloschen. Nun betraf der Verlust die eigene Familie.

»Gefühlsmäßig war mir plötzlich klar: das ist nichts Gutes«, hat er mir viele Jahre später gesagt.

Meine Mutter regte sich über Zeitungsanzeigen auf, in denen von »stolzer Trauer« die Rede war. Sie trauerte aus tiefstem Herzen um ihren Bruder, ohne »Stolz«.

Am 15. Juli 1944 kam ich in einer Klinik in Ebersbach, in der Wettiner Straße zur Welt. Man hatte werdende Mütter aufgefordert, das Stadtgebiet von Dresden wegen der drohenden Bombenangriffe zu verlassen; so waren wir für eine Zeit zu Bekannten in die Lausitz gezogen.

In was für eine Welt kam ich da durch den Irrtum eines Arztes? Für jüdische Kinder gab es inzwischen Gesetze zur Vernichtung. – Doch ich war ein »arisches« Kind. Fünf Tage nach meiner Geburt explodierte einige Kilometer weiter östlich eine Bombe. Die hätte auch mein künftiges Leben verändern können! Es wäre ein Leben ohne Stalinporträts, aber mit Stauffenberg-Bildern geworden, ohne HO, Broiler und Trabant. Und für die Frauenkirche hätte kein Geld gesammelt werden müssen. Beinahe wäre ich führerlos geboren worden. Dann hätte ich als Reichskanzler Goerdeler bekommen, einen Leipziger, einen Mann aus jener Stadt also, die 20 Jahre später meine Heimat geworden ist.

Meine Mutter ging erst einmal mit ihren beiden Söhnen nach Dresden zurück, und wir wohnten wieder in der Stökkelstraße 100, nahe dem Riesaer Platz. Mein Bruder Martin erlebte, wie der Krieg in unser Leben einbrach. Die Situation beim Fliegeralarm hat er auch heute noch vor Augen. »Sobald die Sirene losging, stand ich neben dem Bett. Ich war so aufgeregt, wenn ich aus dem Schlaf gerissen wurde, daß ich mir manchmal nicht die Schuhe zubinden konnte, weil die Knie so gezittert haben. Mutter nahm dich aus dem Bett. Der Koffer mit den wichtigsten Sachen stand immer parat.« Fliegeralarm gab es oft in Dresden, aber alle hofften, daß diese schöne Stadt vom Allerschlimmsten verschont bleiben würde. Dann kam der 12. Februar.

»Einige waren an jenem Abend noch einmal aus dem Keller gegangen, kamen kreidebleich wieder und sagten: ›Jetzt geht's los! Die haben Christbäume abgeworfen!‹« Dieses Symbol für Frieden, Harmonie und Einkehr stand plötzlich für Zerstörung und Tod.

»Christbäume« zum Faschingsdienstag? Hinter diesem Begriff verbargen sich Leuchtbomben, die an Fallschirmen herabschwebten, damit die Bomberpiloten für ihre Arbeit gute Sicht hatten. Aus dem Tagebuch meines Bruders über die Nacht vom 13. zum 14. Februar 1945: »Großangriff auf das Stadtgebiet. 2 Std. donnern die Bomber über der Stadt und laden ihre schreckliche Last ab. Wir bleiben noch verschont, aber ringsum brennt es lichterloh. Bereits 2 Std. nach der Entwarnung heulen die Sirenen wieder. Unaufhörlich dröhnt und donnert es draußen. Gott sei Dank bleiben wir noch verschont.«

Verschont von 7500 Sprengbomben, 570000 Stabbrandbomben und 4500 Flammenstrahlbomben.

Sechs Jahre später sagte mein Bruder den Eltern, daß er sich entschlossen habe, Pfarrer zu werden. Da lächelte meine

Mutter und erzählte, daß sie in jener Nacht in Dresden gebetet habe: »Lieber Gott, wenn wir aus diesem Inferno lebend davonkommen, dann soll einer meiner Söhne Pfarrer werden.«

Die Großenhainer Straße entlang zogen die Überlebenden aus der Innenstadt. Verrußt und verdreckt. Menschen mit wirren Blicken, eine Frau trug einen halbverbrannten Pelzmantel. Sie liefen ohne Ziel. Nur weg aus der Flammenhölle.

*

Am Aschermittwoch lag die Stadt in Asche. Leichenberge wie in Auschwitz, Schreckensbilder der Konzentrationslager, die sich in jenen Tagen noch kein Dresdner vorstellen konnte, waren auf dem Altmarkt zu sehen.

Die Nazi-Propaganda funktionierte die Opfer zu »Terror-« und »Luftkriegsgefallenen« um, die Front war plötzlich mitten in Dresden. Die Zivilbevölkerung wurde zu unfreiwilligen Heimatsoldaten. Wo zur Weihnachtszeit der Striezelmarkt stattfindet, wurden wegen fehlender Transportmöglichkeiten und wegen der schnellen Verwesung Tausende Frauen, Männer und Kinder verbrannt, und die Asche brachte man zum Heidefriedhof.

Warum gibt es auf dem Altmarkt eigentlich keinen Gedenkstein? Würde der das wohlige Weihnachtsmarkt-Gefühl stören?

Makaber auch dieser Fakt: Nach der Anerkennung der DDR durch die USA und Großbritannien wurde im Zeitungsdeutsch der Begriff Terror aus der Formulierung »angloamerikanischer Terrorangriff« gestrichen.

In den sechziger Jahren habe ich bei einem Kaffee im »Luisenhof« eine Dresdnerin kennengelernt, die mit ihrem Mann, der damals gerade auf Heimaturlaub war, nach dem Angriff aus dem Keller kam. Der Feuersturm tobte durch Dresden. Sie hielt sich an der Tür fest. Als sie sich umdrehte, war ihr Mann verschwunden. »Weg! Einfach weg!« Er ist vermutlich im brennenden Asphalt verglüht.

Am 14.2.45 schreibt mein Bruder in sein Tagebuch: »Alles

stockt. Es gibt kein Gas, Wasser, Licht. Die in der Innenstadt obdachlos Gewordenen strömen in die Außenbezirke. Mittags fallen plötzlich Bomben in noch weiter Entfernung. Ich hörte es gerade, als ich Wasser holen ging. Sofort renne ich ins Haus zurück und rufe laut: ›Alarm! Alarm!‹«

Mein Bruder schlug den Hausgong und schrie in panischer Angst, weil das Geräusch der Bomber immer näher kam. Herr Wehmeier, ein alter SA-Mann, schimpfte mit ihm: Es wäre doch gar nichts los, was der Lärm solle!

Martin erzählte mir: »Ich hab zu allen gleich du gesagt: Kommt runter – die Flieger kommen! Mutti hat dich aus dem Bett gerissen und ist in den Keller gestürmt, ich hab den Koffer genommen. Ich hab einer anderen Frau noch geholfen, die zwei Kinder hatte. Sie hat ihren Koffer einfach die Treppe hinunterrutschen lassen. Der Raum war total überfüllt, mit vielen Frauen, die aus der Stadt gekommen waren. Es war stockdunkel, und ich habe nach Mutti gerufen. Dann standen wir nebeneinander. Als der letzte im Keller war und die Tür geschlossen wurde, hat's geknallt! Eine lähmende Stille, und dann sagte jemand: ›Es riecht nach Gas!‹ Wir dachten alle, unser Haus ist getroffen und die Kellertür verschüttet. Total finster im Keller. Und du hast nur geröchelt.«

In jener Nacht bekam meine Mutter weiße Haare. Sie hatte unvorstellbare Angst, daß ich ersticken könnte. Ich lag in ihrem Arm, im stockdunklen Keller und rang nach Luft. Bis in die fünfziger Jahre hinein überfielen meine Mutter bei Vollmond ständig Alpträume. Wir wußten dann schon: heute Nacht würde unsere Mutter wieder schreien. Es ging immer um mich, um ihre panische Angst, daß ich ersticken könnte, und ich hörte durch die dünne Wand vom benachbarten elterlichen Schlafzimmer ihren Schrei: »Das Kind, das Kind!«, und anschließend die beruhigenden Sätze meines ebenfalls wach gewordenen Vaters.

Während eines Feuerwerks in Zwickau haben wir nach Hause gehen müssen, weil meine Mutter an die »Christbäume« und die Geräusche jener Bombennacht von Dresden erinnert worden ist. Ich sehe noch meinen Vater, der erst gar nicht verstanden hat, warum meine Mutter inmitten der Menschen, die bei dem weißen und bunten Funkenregen »Ah!« und »Oh!« riefen, plötzlich so aufgeregt und unruhig geworden ist.

Wieviel Angst spürte ich mit meinen sieben Monaten in jener Bombennacht? Mutter hat mir erzählt, ich hätte im Keller schon instinktiv vor den ersten Detonationen gezittert.

Zurück zum Tagebuch meines Bruders: »Wir haben die Keller- und Hoftür öffnen können – wir waren also nicht verschüttet – und frische Luft kam herein. Dann sind alle rausgestürzt. Als wir draußen standen und uns ansahen, haben wir gelacht. Wegen unserer schwarzen verschmierten Gesichter, die Ränder um Nase und Mund. Staubwolken schwebten noch über dem Hof.«

Aschermittwoch.

»Dann sahen wir das Nachbarhaus als Schutthaufen. Plötzlich bewegte sich etwas unter dem Schutt. Die Bewohner hatten eine Tür frei bekommen. Mein Freund Günter Monden kroch aus dem Keller, und ich rief: ›Günter!‹ – ›Ja‹, sagte er, ›wir haben alle überlebt, wir haben deinen Lärm gehört und sind alle schnell in den Keller.‹«

Wer einen Menschen rettet, heißt es im Talmud, rettet die ganze Welt.

»Mein Freund Günter zeigte in den nicht mehr vorhandenen dritten Stock des Hauses und klagte: ›Meine scheene Eisenbahn.‹ Als wir in unsere Wohnung kamen, war keine Fensterscheibe mehr ganz. Dein Kinderbett war von Glassplittern übersät, die Balkontüren lagen in der Küche. Mutter sagte, was sollen wir hier, kein Wasser, kein Strom, kein Gas, wir gehen weg aus Dresden.«

Sie war entschlossen, sich mit ihren beiden Kindern in ihre Heimatstadt Zwickau durchzuschlagen.

»Wir nahmen den Kinderwagen und packten notwendige Sachen in einen Handwagen. Den hat mir der Sturm in der Stöckelstraße aus der Hand gerissen, weil die vielen Brände den Sauerstoff aus der Luft zogen. Unser Nachbarhaus war das letzte stadtauswärts, das zerbombt worden war. Man wollte vermutlich die benachbarte Eisenbahnbrücke treffen, die zur Strecke Dresden–Leipzig gehört.«

Jedes Mal, wenn ich mit dem Zug nach Dresden fahre, schaue ich aus dem linken Fenster oder gehe auf den Gang und betrachte jenes Haus, in dem wir das Inferno überlebten. Wenige Monate nach meiner Geburt wurde ich quasi noch einmal geboren. Für einen, der gar nicht für diese Welt geplant war, schon ein großes Glück.

»An der Großenhainer Straße sah uns unsere Bäckersfrau. Mutti sagte, daß wir weggehen, und die meinte: ›Wollnse den Gleen nich erschdema waschen?‹«

Ich war immer noch im Aschermittwoch-Stil des 14. Februar 1945 »geschminkt«.

In einem Dorf bei Dresden übernachteten wir, und irgend jemand hat uns dann zum nächsten Bahnhof mitgenommen.

»Ein wahnsinnig überfüllter Zug. Wir konnten nicht über Chemnitz fahren, weil die Stadt auch bombardiert worden war. Menschen über Menschen auf dem Bahnsteig. Ein wahnsinniges Gewühl. Ein Soldat sagte: ›Geben Sie das Kind durchs Fenster.‹ Dann warst du im Zug, und wir kamen nicht durch das Gedränge. Mutter wurde von panischer Angst erfaßt, daß der Zug losfahren könnte und wir beide noch auf dem Bahnsteig stünden. Sie kämpfte wie eine Löwin, um zur Tür zu gelangen. Schließlich konnten wir uns durch die Menge drängeln.«

So hätte ich beinahe zum Findelkind werden können!

»Über Nossen, Großbothen und Glauchau erreichten wir schließlich um Mitternacht am 17. Februar 1945 Zwickau.«

Natürlich waren wir längst nicht aus allem Schlamassel heraus! Am 19. März erlebten wir in Zwickau einen weiteren anglo-amerikanischen Bombenangriff. Wir wohnten nun bei meinem Großvater an der Leipziger Straße über seinem Bier- und Speiselokal »Fürst Bismarck«. Auch die Tage dieses Namens waren gezählt.

Gerüchte machten die Runde. Eine SS-Einheit aus dem

Erzgebirge würde kommen, und Zwickau würde zur Festung erklärt. Die Zwickauer waren verständlicherweise von solchen Aussichten alles andere als begeistert. Die Vorhut soll angepöpelt worden sein: »Laßt uns in Frieden«, sagten sie noch mitten im Krieg. »Zieht ab! Wir wollen nicht, daß alles zerstört wird!«

Am 13. April gab es in Zwickau den ersten Panzer- bzw. Feindalarm. Dauer und Frequenz der Sirenentöne waren anders als beim Bombenalarm.

Im knappen Tagebuch meines 12jährigen Bruders Martin findet sich folgende Eintragung: »15.4.45. Panzeralarm! Wir liegen unter Artilleriebeschuß. 16.4.45 Noch immer liegen wir unter Beschuß. Die Granaten pfeifen über unsere Köpfe und schlagen im Stadtinnern ein. Schon die zweite Nacht im Keller. Wir haben es uns im Keller gemütlich gemacht. Heinz und ich schlafen im Feldbett.«

Da gehört schon eine gute Portion kindlicher Phantasie dazu, es sich im Keller »gemütlich« zu machen!

Draußen wurde immer noch um den Endsieg gerungen.

Straßenbahnwagen wurden als »Panzersperre« quer auf die Straße bugsiert. Greisenhände faßten Panzerfäuste. Drei Ekken von unserer Wohnung entfernt, vor der Konditorei Papstdorf, stand ein Lieferwagen voll solcher Waffen. Dort riefen bereits Soldaten und SS-Angehörige nach Zivilklamotten und zogen sich in den Grünanlagen für den nahen Frieden um. Ohne Waffen wollten sie das Weite suchen. Anwohner riefen: »Nehmt um Himmels willen das Auto mit den Panzerfäusten mit!«

Es wurde wenige Straßen weiter abgestellt, wo niemand um den gefährlichen Inhalt wußte.

Am 17. April erschien in der »Neuen Zwickauer Zeitung« ein Durchhalteappell. Am gleichen Tag, so erzählt man, war ein Bombengeschwader unterwegs, um Zwickau in Schutt und Asche zu legen. Drei Zwickauer sorgten mit ihrer mutigen Tat dafür, daß an diesem Tag der Krieg für die Stadt zu Ende ging. Der Luftschutzpolizist Arno Rau, der Kirchendiener Fritz Schubert und sein Sohn hißten auf dem Dom die weiße Fahne, als amerikanische Bomber über Zwickau kreisten.

Der Luftschutzpolizist Rau nahm seine Aufgabe im besten Sinne wahr, indem er die Kapitulation wagte. Das hätte ihn in jenen Tagen, vom Turm auf die Erde zurückgekehrt, das Leben kosten können.

Zu DDR-Zeiten machte man aus Rau einen Arbeiter und ließ die beiden Leute der Kirche in entsprechenden Texten unter den Tisch fallen. Das las sich so im Sinne der sozialistischen Geschichtsschreibung besser.

Rau läutete die Glocken. Friedliche Töne schwangen in der Luft. Die Flugzeuge flogen weiter.

Die Familie Adam von der Konditorei Papstdorf rief in der Domverwaltung an, nachdem die Glocken geläutet hatten. Da bestätigte der Pfarrer am Telefon: »Ja, es is nu Frieden.«

Welch herrlicher Satz!

Die Leipziger Straße war menschenleer. Panzer und Jeeps rollten auf ihr entlang. Die amerikanischen Soldaten hatten die Maschinenpistole im Anschlag. Mein Großvater Curt, der Gastwirt, war ein normal neugieriger Sachse. Er gedachte zu erkunden, was da vor sich gehe, und sah zum offenen Fenster hinaus, doch schon pfiffen Geschosse um seinen kahlen Kopf. Großvater zog sich blitzschnell zurück. Um ein Haar wäre mein Großvater am ersten Tag des Friedens das letzte Kriegsopfer in Zwickau geworden.

Über die Leipziger Straße rollten Panzerspähwagen mit riesigen schwankenden Antennen. Die Panzer hatten teilweise Gummiketten und waren kaum zu hören.

Mein Großvater väterlicherseits, der eine Ecke weiter wohnte, bekam einige Zeit nach dem Einmarsch Besuch von einem Amerikaner, der aber vom Bäckermeister Richard Lange nicht etwa das Rezept für Weihnachtsstollen als Andenken haben wollte, sondern seine goldene Sprungdeckeluhr. Woher er wußte, daß mein Opa Richard solch einen Chronometer besaß?

Ein Tip aus dem Haus.

»Nein, ich nicht, aber der Herr Lange hat eine! Der wohnt im ersten Stock! First floor!« Nun hat sie nicht einer seiner Enkel, sondern sie tickt bei Mister Brown in Idaho oder Texas oder was weiß ich.

Diese Geschichte beweist jedenfalls: Nicht nur Russen sammelten Uhren!

Die Amis waren flink. Mein Cousin Werner erzählte mir, wie sie sein Wohnviertel an der Moritzkirche besetzten:

»14 Uhr kamen sie in unsere Straße, bis 18 Uhr mußten die villenartigen Häuser geräumt sein, und 18.30 Uhr standen sie schon mit unseren deutschen ›Frauleins‹ an der Ecke.«

Werner, damals ein Kind von neun Jahren, holte einen Tag später etwas in einem Laden und trat – Macht der Gewohnheit – mit »Heil Hitler« ins Geschäft. Da meinte eine Frau zu ihm: »Das brauchste nu nich mähr saachn, mei Junge.«

In jenen Nottagen kam es zur Plünderung der EDEKA-Filiale in der Nähe unserer Wohnung. Auch mein Bruder beteiligte sich an dem illegalen Besuch und packte für sich und seinen kleinen Bruder Puddingpulver ein. Beim Wegrennen las er ein Schild. Es war wegen der ausländischen Zwangsarbeiter in verschiedenen Sprachen abgefaßt. Meinem Bruder prägte sich zwanghaft bis zum heutigen Tage der niederländische Text ein:

»Hoe plundered, werd dood geschoten!«

Dieser Satz hat ihn tagelang geängstigt, denn er dachte tatsächlich, daß er wegen des mitgenommenen Puddingpulvers noch »dood geschoten« werden könne. Und bis in unsere Tage befällt meinen Bruder ein mulmiges Gefühl, wenn er an einem EDEKA-Geschäft vorbeikommt.

Was Martin bis heute nicht weiß, und was ich von meinem Cousin erfuhr – der Enkelsohn hätte am Ort des Diebstahls zu seiner großen Verwunderung auf seinen Großvater, den Bäckermeister, stoßen können. Der schleppte einen Zentnersack Zucker aus der Filiale, der sich zu Hause als Zentnersack Salz entpuppte. Ob mein Großvater anschließend Salzstangen und anderes Laugengebäck herstellte, entzieht sich meiner Kenntnis.

Neben dem Platz der NSDAP standen nun Studebaker-Lastwagen. An der Moritzkirche wurde Baseball gespielt.

Amerikanische Soldaten, die eben noch aus allen Rohren geschossen hatten, schenkten den Kindern Kaugummi und Schokolade. Die Liebesgaben der Feinde wurden gern genommen, und Groß und Klein bestaunten die »Neger« mit den blendend weißen Zähnen.

Zwickau war nun geteilt. Im größten Teil waren die Amis, über der Mulde lagen die Russen. So kam die kuriose Situation zustande, daß Menschen »unter dem Ami« wohnten und auf dem Trillerberg »beim Russen« ihren Garten hatten. Diese Gartenanlage nannte man übrigens auf gut sächsisch den »Gollerahbiehieschl«. Alte Bergwerksstollen, die unter der Mulde entlangführten, sollen in jenen Tagen von Kennern benutzt worden sein.

Kurz bevor die Amerikaner auf den Straßen auftauchten, war Bewegung in die alten Parteigenossen gekommen: Das Eckgebäude gegenüber unserem Wohnhaus hatte einen kleinen Vorgarten. Dort sah mein Bruder Männer mit Spaten, die, nein, nicht die Erde zum Frühjahrsbeginn um-, sondern ihre Parteiabzeichen, Orden und Dokumente vergruben. Als Frieden war, wurden an der Mulde viele friedliche Spaziergänger gesichtet. Und immer wieder plumpste etwas von der Brücke ins Wasser. Von »Platsch!« bis »Pitsch!« war die gesamte Skala der Geräusche zu hören, die entsteht, wenn Gegenstände entsprechend dem physikalischen Gesetz »Masse mal Beschleunigung« ins Wasser fallen.

Im April 1945 kündeten die Plakate an den Litfaßsäulen nicht mehr vom Endsieg, jetzt ging es ums Überleben:

»Nutzt jeden Quadratmeter Boden für die Ernährung.

Jeder Spatenstich bereichert den Küchenzettel!

An vielen Stellen der Stadt wartet noch manches Stückchen Erde auf eine fleißige Hand.

Bearbeitet die Vorgärten an den Häusern!

Der Oberbürgermeister«

Nur Vorsicht beim Graben im Vorgarten, damit nicht plötzlich ein Hakenkreuz in der Frühlingssonne glänzt!

Die Tage der Amerikaner waren aber in Zwickau gezählt. Mein Bruder vermerkte in seinem Tagebuch:

»1.7.45: Die Amerikaner ziehen ab, und als neue Besatzungsmacht nehmen die Russen ganz Zwickau ein.«

Da waren die Gefühle der Leute sehr gemischt. Vielleicht ahnten sie auch, daß jetzt Menschen kommen, die den Krieg mit ihren Familien am eigenen Leib erlebt hatten, daß das Verhältnis komplizierter werden würde. Schließlich war in den USA in diesem Krieg keine Fensterscheibe kaputtgegangen. In Rußland, so wußte man, war die Zahl der Opfer, das Ausmaß der Zerstörung unglaublich groß.

Ein Mann im Haus gegenüber, soeben noch Nazi, winkte vom Fenster den Russen zu. Über Nacht hatte er sie liebgewonnen.

Ein Blockwart wollte noch kurz vorm Ende die Mutter meines Freundes Jochen Suchy anzeigen, weil sie im Luftschutzkeller einen Witz über Hitler erzählt hatte. Als die Russen kamen, wehte schon die rote Fahne aus seinem Fenster. Man sah deutlich die Stelle, wo sich einst das Hakenkreuz befunden hatte, weil das Stück Ersatzstoff nicht dem leuchtenden Rot der Nazi-Fahne entsprach. Als Jochens Mutter den strammen Mitmacher zur Rede stellte, sagte er: »Entschuldigen Sie, aber ich kann mich nun mal schnell für etwas begeistern.«

Die Russen kamen mit ihren ärmlichen Panjewagen die Leipziger Straße entlang, und die Deutschen hatte Mühe zu begreifen, wie ihre stolze Wehrmacht gegen diese Leute den Krieg hatte verlieren können. Daß die Amis eine Weltmacht waren, sah man schon am Fuhrpark, doch nun das! Die klapprigen Pferde, die Soldaten, von denen nicht einmal jeder Stiefel an den Füßen hatte, manche trugen nur ein paar Fußlappen.

Als Jochen Suchy, damals fünf Jahre alt, die russischen Soldaten ängstlich ansah, meinte sein Vater: »Du brauchst keine Angst zu haben, mein Junge, in sechs Wochen sind die wieder weg.« Väter können sich eben auch sehr irren.

Jochens Vater wurde einmal von den Russen verhaftet, als er gerade die Haustür zuschloß. Sie wollten den Schlüssel von der Garage, und er gab ihn nicht heraus. Da nahmen sie ihn in einem Auto bis Meerane mit. Dort zerrten sie ihn vom Sitz, und er durfte wieder nach Hause laufen. In Pantoffeln! Aber was war dieser Marsch, diese Entfernung, gegen die Möglichkeiten der Roten Armee, Menschen – zur Not auch in Pantoffeln – in jenen Zeiten in Orte bis ans Ende der Welt laufen zu lassen.

Im Zwickauer Finanzamt, das mein Onkel aus taktischen Gründen immer in seinem abgeschabtesten Anzug betreten hatte, wurde die sowjetische Kommandantur eingerichtet, das ganze Gebiet war mit einem Bretterzaun abgeschirmt. Da war keine Lücke, nichts zu sehen.

Auf dem Platz der NSDAP spielten nun sowjetische Soldaten Fußball. Ein steinernes Rednerpult und Treppen erinnerten an Aufmärsche. Aus dem Platz wurde im Volksmund schnell »die Russenwiese«.

Die Russen waren kinderlieb, aber sie hatten natürlich keine Schokolade und keinen Kaugummi zu verschenken.

Die Russen führten ein armseliges Leben als Siegermacht. Der Volksmund meinte: »Sie werden gehalten wie die Karnickel.« Wenn die Soldaten in einer Kneipe »versackt« waren oder es zu Raufereien kam, ging es ihnen sehr schlecht. Sie wurden geprügelt und wie ein Stück Vieh auf die Pritsche eines russischen Autos geworfen. Rolf Adam hat auf dem Zwickauer Rummel erlebt, wie eine Militärkontrolle junge Sowjetsoldaten von diesem Platz holte, die sich dort verbotenerweise amüsierten. Einer sprang vom LKW und rannte davon. Die Streife hinter ihm her. Plötzlich ein Schuß, und er blieb liegen. Man hatte ihn mitten unter den Leuten erschossen.

Meine Mutter erzählte mir, daß einmal ein betrunkener Russe auf der Suche nach Alkohol in der Gasthaus-Küche meines Großvaters randalierte. Von dort führte eine Holztreppe in den ersten Stock, in dem wir wohnten. Mutter rannte in das Zimmer, in dem ich selig schlief, und schloß sich schnell ein. Der Russe tobte inzwischen durch die Wohnung und schoß sogar in die Zimmerdecke. Wenig später wurde er von der Militärpolizei abgeholt, und es wird ihm sehr schlecht ergangen sein.

Wenn ich mit meinem Vater auf dem Fußweg ging und Soldaten der Roten Armee kamen die Straße entlangmarschiert, sagte er manchmal leise: »Was wollt ihr hier? Geht nach Haus!« Es tat ihm weh, in seiner Heimatstadt Russen auf der Leipziger Straße marschieren zu sehen. Aber diesen Satz hat vermutlich in Polen, wo mein Vater Soldat war, auch manch polnischer Vater seinem Sohn zugeflüstert, als Deutsche die Straße entlangzogen.

»15.7.45: Wir fahren nach Dresden über Hartenstein, Aue, Chemnitz, Freiberg. Teilweise auf dem Trittbrett.«

Meine Mutter, die eigentlich eine vorsichtige Frau war und jegliche Gefahren mied, ist in jener Zeit wirklich über sich hinausgewachsen. Auf einem Trittbrett! Sie hatte verständlicherweise bei dieser gefährlichen Fahrt große Angst um ihren Sohn Martin, vor allem, wenn der Zug über eine Brücke im Erzgebirge fuhr, dann kam immer ihre Warnung: »Guck nicht runter!« Bei dieser Höhe und bei dieser kargen Ernährung, da hätte es ihm ja tatsächlich schwindlig werden können.

»Am Abend sind wir Gott sei Dank schon in Dresden. Es ist ein erschütternder Anblick der toten Stadt. Nur Trümmer. Es ist, als ob uns das Herz stehenbleiben will. Alles Leben scheint hier ausgestorben zu sein. Und trotzdem: unser Haus steht noch, wer aber wohnt in unserer Wohnung? Es sind Leute aus dem Nebenhaus, das zerstört ist, Fam. Kluge. Wir nehmen einige Säcke Wäsche und Kleidung mit, soviel wir tragen können.«

An diesem 15. Juli war mein erster Geburtstag. Umständehalber fiel die Feier aus.

Meine Mutter weinte, als sie aus dem Dresdner Hauptbahnhof trat und bis zum Zwinger sehen konnte.

Vom Sinn mancher Sätze

Das Wort »Krieg« hörten wir in unseren Kindheitstagen nahezu täglich. Die toten Väter sah man in den Bilderrahmen als mehr oder wenig lächelnde Soldaten oder Offiziere. Diese Fotos konnten nicht die Grausamkeit des Krieges zeigen, denn es gab kein Bild eines erschossenen Vaters auf der Kredenz.

»Der ist in Stalingrad geblieben.«

Diese Sätze waren für mich als Kind schwer zu deuten. Warum ist er geblieben? War es dort so schön?

Die Sprache hat das eigentliche Ereignis geschönt. Kein Mensch sagte: »Er ist von einer Granate zerfetzt worden«, oder: »Er wurde von einem Panzer zermalmt.«

Er ist geblieben.

Schwierig war auch anfangs die Deutung von »Er ist gefallen.« Ich fiel als Kind oft hin. Na gut, da schrammte man sich die Knie und stand wieder auf. Von einem Tag auf den anderen war mir dann klar, daß, wer im Krieg fällt, nie mehr aufsteht.

»Mein Vater ist vermißt.« Was bedeutete dies? Wieso suchte ihn niemand? Wieso fand man ihn nicht? Hänsel und Gretel kamen mir in den Sinn. Die waren auch eine Zeit vermißt, aber schließlich taucht doch jeder Mensch, der sich im Wald verläuft, wieder auf. Wieso fand niemand den Vater eines Schulfreundes?

Auch diese Sätze geisterten durch die Gespräche der Erwachsenen: »Den hammse abgeholt!« Da wurde mir nach und nach klar, daß hier niemand kam, um jemanden zu einem Fußballspiel oder zu einem Kinobesuch abzuholen.

»Da kommst du nach Sibirien!«

Dieses Wort war der Inbegriff für Verlorenheit und Qualen. Jener Landstrich war unendlich weit von Zwickau weg, eine Rückkehr nahezu ausgeschlossen. Hinter diesen beiden Sätzen stand – ich erfaßte es nach und nach –, daß Menschen aus politischen, nicht aus kriminellen Gründen verhaftet wurden.

Sehr verbreitet war auch der Satz: »Die sind abgehaun!« Da wußte ich, daß jene Leute in den anderen Teil Deutschlands gewechselt waren. Von dort kamen duftende Sachen wie Kaugummi und Schokolade und die bunten Bilderhefte.

Und es gab sogar Leute, die abgehaun sind, weil man sie abholen wollte.

Essen und Leckereien

Ein Garten war nach dem Krieg unter Umständen lebenswichtig. Jedes Stück Brache, jeder Vorgarten wurde für die Ernährung genutzt, selbst die Grünanlagen am Schwanenteich wurden parzelliert. Wenn die Erntezeit nahte, wurde das Gelände rund um die Uhr bewacht, denn wie überall auf der Welt wollten manche Menschen ernten, ohne zu säen.

Ich sah ein Foto, wo der Besitzer auf pfiffige Weise die Diebe schreckte. Ein Schild informierte an einem Apfelbaum, daß einige Früchte vergiftet seien. Da hatte sich wahrscheinlich jemand an das Märchen vom Schneewittchen erinnert und so eine ungewöhnliche Strategie entworfen. Allerdings war damals jeder einzelne Apfel so wertvoll, daß gewiß kein einziger vergiftet war. Einkochen bzw. einwecken war zur Sommerszeit gang und gäbe. Alle möglichen Früchte, deren man habhaft werden konnte, wurden eingekocht. Von Kürbis bis Kirschen, von Pflaumen bis Stachelbeeren. Es war bitter nötig, um in der kargen Winterszeit am Sonntag (und nur dann!) etwas Kompott zu haben.

Die Gläser mit den zumeist dunkel gewordenen Früchten standen in den düsteren Kellern auf Regalen. Und in jenen Tagen wurden bei einem Einbruch in den Keller nicht nur Briketts, sondern auch Kompottgläser geklaut. Wer eine Speisekammer besaß, plazierte das Eingeweckte im Regal. Ich sah auch Gläser auf Schränken im Schlafzimmer stehen.

Die Einweckgläser waren keine Einweggläser, sondern wurden über Generationen benutzt. Mit den dunkelroten Einweckringen schnipsten wir aber auch gern Steinchen durch die Gegend. Diese Gummiringe waren überhaupt universell verwendbar. Sie hielten die klappernde Brotbüchse zusammen, und Frauen in ländlichen Gegenden, so sagte man, befestigten mit einem Einweckgummi auch mal ihre Strümpfe am Oberschenkel.

Bestimmte Antipathien bei meinen Eßgewohnheiten haben sich bis in unsere Tage erhalten. Seit jenen Jahren mag ich keine rote Rüben. Warum? Sie schmeckten mir nicht, weil mein Vater sie nicht ertrug. Rote Rüben erinnerten ihn an seine Gefangenschaft. Das hat sich auch bei mir verfestigt. Jedes Stück rote Rübe schiebe ich seit meiner Kindheit an den Tellerrand. Der Geschmack ist mir regelrecht zuwider. Das trifft genauso auf Kürbis zu. Zu oft gab es in den mageren Jahren diese Frucht. Und auch Stachel- und Johannisbeeren begeistern mich nicht.

Bei Verwandten durften wir im Garten das Fallobst sammeln. Daraus kochte Mutter den ganzen Sommer über Apfelmus.

Was wurde damals nicht alles gemacht, um bestimmte Lebensmittel für den Tag zu haben. Bekannte schafften Zuckerrüben ins Waschhaus. Nicht zum Waschen, nein, um daraus Sirup zu kochen! Die Rübenschnitzel kamen in den Kessel, Feuer wurde entfacht und dann hieß es: Rühren! Rühren! Das war das Wichtigste! Tag und Nacht! Der Rübensaft durfte nicht anbrennen! Nach dem Motto »Alle Mieter machen mit« entstand ein Rührkollektiv. Sogar nachts stellte man sich den Wecker und wechselte sich ab. Geradezu rührend.

Es gab in den Nachkriegsküchen unglaubliche Erfindungen: Kartoffelschäler-Torte. Und »Affenfett«, einen Mehlbrei mit Majoran. Graupen und Grieß wechselten sich im Speiseplan ab. Man rieb Kartoffeln ins kochende Wasser, so entstand die »Zuhdlsubb«. Blutwurst ohne Griefen wurde mit Zwiebeln gebraten und Pellkartoffeln dazu gegessen.

Meine Mutter erzählte mir, wie ich als kleines Kind Hunger hatte und ihr sagte, daß wir doch noch Brot hätten und warum ich denn nichts mehr bekäme. Meiner Mutter war das Herz schwer, den »Gleen« hungern zu sehen, und ich hatte doch keine Ahnung, wie lange dieses eine Brot noch reichen mußte. Mein Bruder wollte in jenen Jahren nur Bäkker werden. Es war für ihn der einzige Beruf, der in Frage kam, weil dann das tägliche Brot gesichert war.

Wir haben sogar unser großes hölzernes Stubenbüfett »eßbar« gemacht und gegen Brot an einen Eissalon verhökert.

Meine frühe Kindheit war die der Margarine-Brote. Ich hab eine Geschichte gehört, wo die Mutter ihr Kind immer fragte, was es »drauf« haben will. In Ermangelung von Wurst oder Käse waren das eine Sonne, Wolken oder ein Baum, die sie mit dem Messer aufs Brot malte.

Dann produzierten wir Fruchtschaum: Obstsaft und Eiweiß wurden geschlagen bzw. mit einem schwer zu beschreibenden Rührgerät im Konservenglas zu einer Art steifen Fruchtsahne geschlagen. Seinerzeit schmeckte mir das wunderbar, heute würde mir davon vermutlich schlecht.

Mein Körper war in jenen Jahren süchtig nach Zucker. Ich aß ihn zu allem möglichen, sogar auf Weißkraut und Nudeln streute ich Zucker. Meine Mutter fand mein Eßverhalten gestört und fragte unseren Hausarzt, wie sie sich verhalten solle. Dr. Tröltzsch riet, wenn der Körper es verlange, soll er es bekommen. Würde mir das doch jetzt auch einmal ein Arzt bei meinen Eß- und Trinkgelüsten bestätigen!

Erfreuen wir uns heute am Anblick einer Wiese, denkt kein Mensch mehr daran, daß auch die Wiese Nahrung für Menschen bot: Löwenzahnsalat, Sauerampfer, Brennesselsuppe brachten dringend benötigte Vitamine. Wir verspachtelten auch die kleinen, säuerlich schmeckenden Paradiesäpfel.

Ein Bekannter, Chemiker von Beruf, war damals in einem pharmazeutischen Betrieb angestellt. Sie verarbeiteten für Hautcreme und Hautmilch sogenanntes Klauenöl, ein tierisches Restprodukt. Dieses Öl kochte er zu Hause, die Familie nahm den mörderischen Gestank in der Küche in Kauf, weil dadurch der scheußliche Geschmack verschwand und man letztlich ein für die damaligen Verhältnisse ganz passables Öl gewann. Und zum Abendbrot gab es dann Ölbemmen. Der Höhepunkt seiner Pfiffigkeit war die Verarbeitung von Ameisenspiritus. Den gab es frei in Apotheken zu kaufen. Als kenntnisreicher Chemiker destillierte ihn mein Bekannter mit den entsprechenden Apparaturen in der Küche. Er gewann 80%igen Alkohol und stellte daraus Likör her. Die Bauern, die sich um ihr täglich Brot nicht sorgen mußten und gern Likör tranken, waren scharf auf solch ein Fläschchen. So kam es zu erfolgreichen Tauschgeschäften von Thüringen bis Oldenburg.

Kehrten wir Kinder sommers durstig vom Spielen heim, tranken wir weder Limonaden noch Obstsäfte, ein Krug mit kaltem Tee oder Malzkaffee, dem legendären »Muggefugg«, stand auf dem Tisch. Ein Glas prickelnder grüner oder roter Limonade – im Henkelglas nach einer Wanderung im Ausflugslokal – war schon Zeichen eines besonderen Tages.

In jenen Jahren war etwas Eßbares das größte Geschenk. Worüber freute sich unsere Familie anläßlich der Konfirmation meines Bruders Martin 1947 am meisten? Das Geschenk war ein Eimer Kartoffeln. Und obenauf lagen drei Heringe! Am nächsten Tag unterhielten sich die Konfirmanden über ihre Geschenke, die nach Pfunden berechnet wurden. Der Sieger war jener mit zwei Dreipfundbroten.

Ein Zauberwort hieß Aroma. Es gab Brotaufstrich mit Knackwurstgeschmack oder Rauchfleischaroma. Viele Nährmittel hatten mit ihrem Namen aber kaum etwas gemein! Wie auch der berühmte Brotaufstrich namens Kunsthonig, der weder etwas mit Kunst noch mit Honig zu tun hatte und schon in Kriegszeiten aufgekommen war.

Im legendären Pappbecher hat der Kunsthonig bis zum Ende der DDR tapfer durchgehalten.

Meine Mutter ging vor allem nach Mülsen auf Hamsterfahrt. Das Wort ist irreführend, denn wenn die Leute nach dem Krieg Hamsterfahrten machten, dienten diese doch nur dem Überleben. Porzellan, Gläser, Teppiche und Kleidung wechselten den Besitzer, damit die knurrenden Mägen für kurze Zeit beruhigt wurden. Und wenn jemand in diesen Zeiten tatsächlich »hamsterte«, so waren es Bauern, die von der Not der Städter und diesem Warentausch unglaublich profitierten. Bei etlichen sollen die Teppiche dreifach übereinander gelegen haben und – so wurde immer kolportiert – sogar im Stall!

Mutter tauschte unsere letzten Wertsachen gegen Brot. Sie packte Porzellanvasen und tauschte Lebensmittel dafür ein. Für sie zählte nur: Auch wenn blaue Schwerter drauf sind, kann man Vasen nicht essen.

*

Was galt damals als Leckerei? Ideen waren in der Küche gefragt. Aus Haferflocken und Zucker formte meine Mutter kokosflockenähnliche Gebilde und briet sie im Tiegel, wenn möglich mit etwas Butter. Auch Zucker und Butter ergaben eine köstliche Masse, ähnlich den »Florentinern«, bei denen in besseren Zeiten eine Seite mit Schokolade überzogen ist.

Aus dem armseligen Angebot der Süßwarenläden kauften wir Kinder uns »Herzstärke« – einen weiß-roten Pfefferminzfondant, der von einer großen Platte abgebrochen wurde. Er schmeckte sehr süß, aber wir fanden die Brocken großartig. Von den schwarzen Lakritzstangen erzählten sich die Kinder, die wären aus Pferdeblut gemacht. Manche hielten dagegen: Nein, aus Eselsblut.

Brausepulver in kleinen Tütchen zählte zu unseren begehrtesten »Leckereien«. Es war pure Chemie, prickelte aber angenehm im Mund. Wir häufelten etwas in unsere Hand und spuckten drauf. Dann schäumte und zischte es leise, und wir leckten es von der nicht sehr sauberen Handfläche.

Billige Zuckerzigarren lutschten wir spitz, bis sie in der Mundhöhle schmerzhaft »giegsdn«. Und immer wieder Drops. Wenn sie dünn wie Glas waren, klemmte ich sie wie ein Monokel vors Auge, und meine kleine Welt sah plötzlich rot oder gelb aus.

»Vitalade« hieß eine Ersatzschokolade. Sie war butterweich. Es gab Persipan statt Marzipan – überall aßen wir den Ersatz, nie das Original. Aber glücklicher sind die Menschen später mit dem Original auch nicht geworden.

Kleidung

In den Kleiderschränken meiner Kindheit roch es immer unangenehm nach Mottenpulver (»Globol tötet Motten und Brut!«), denn in Zeiten des totalen Mangels waren die textilienfressenden Tierchen besonders gefürchtet. Wenn zum Beginn der kalten Jahreszeit der Wintermantel zum ersten Mal getragen wurde, hatte er zuvor einige Zeit an der frischen Luft gehangen, damit er seinen strengen Geruch aufgab. Ich dachte als Kind, daß unsere Kleidungsstücke deshalb umgangssprachlich Klamotten hießen, weil die Motten so scharf drauf wären!

Mancher Mütze und manchem Mantel war anzusehen, daß sie aus der kriegerischen Vergangenheit des Landes stammten. Und mancher Knopf an einer Jacke oder Tasche war noch ein silberner Soldatenknopf. Ein gutes Zeichen – diese Knöpfe konnten nur von Heimkehrern stammen, sie gaben Kunde von den Überlebenden.

Die Konfirmationsanzüge der ersten Nachkriegsjahre waren oft gefärbte Uniformen. Das Tuch diente nun absolut friedlichen Zwecken: der kirchlichen Einsegnung ins Erwachsenenalter. Uniformen zu Konfirmationsanzügen, das war bestimmt gottgefällig und erinnert mich heute an den Aufruf »Schwerter zu Pflugscharen«.

Oberstes Gebot war damals das Abtragen der Kleidung. Also rückte der nächste, jüngere Bruder nach – in die Jacke, in die Hose. Die Sachen wurden geschleppt, bis sie vom Körper fielen. So gab es in Zwickau auch vor der großen Flut von 1954 bereits »Hochwasserhosen« zu entdecken, und von manch einem behauptete der Volksmund, er sehe in der engen Jacke mit den zu kurzen Ärmeln wie »neingeborcht« aus! Aber das Schlimmste für unsereinen waren die langen Strümpfe mit dem gestrickten Leibchen. Das war eine Art Strumpfhalterweste mit Strapsen. Eine Schande für jeden Jungen! Diese Umzugsarien vor dem Sportunterricht! War der Knopf am Strumpfhalter abgebrochen, »biebeldn« wir einen Pfennig oder Knopf in den Strumpf, damit er hielt. Die Zellwollstrümpfe kratzten und juckten manchmal dermaßen auf der Haut, daß sich Kinder Taschentücher darunterstopften. Was für eine Wohltat, eine Befreiung, wenn wir im Mai die verhaßten Dinger gegen Kniestrümpfe tauschen konnten!

Sonntags zog man sich in meiner Kindheit noch fein an – der »Sonntagsstaat« oder die »Sonntagssachen« waren für alle ein fester Begriff im Leben. Dann ging es mit weißen Strümpfen(!) und weißem Hemd(!) in den Wald. Denkbar ungünstig fürs Herumstromern.

Die künstlichen Igelit-Schuhe nannte man »Igittegitt-Schuhe«. Klobig saßen sie am Fuß. Mir blieben sie zum Glück erspart. Aber Freunde von mir trugen welche. Bei Minusgraden lief es sich darin so mühsam wie in Holzschuhen. Im Sommer stand trotz Lüftungslöchern der Schweiß im Schuh, und er verfärbte sich durch die Nässe dunkel.

Die Knappheit der Waren war sprichwörtlich. Das bekannte Konfektionsgeschäft Waldschmidt in der Inneren Plauenschen Straße bot dem Staat eine Etage an, weil die zugeteilten Kleidungsstücke nicht reichten, um die ganze Ladenfläche zu füllen. So verkaufte die HO dann in diesen Räumlichkeiten Waren, die dem privaten Händler vorenthalten wurden. Der Privatmann kassierte vom staatlichen Händler wiederum Miete und hatte eine sichere Einnahme im Monat!

Die besseren Zeiten kündigten sich dann auch in neuen Textilien an. Mein Vater besaß einen Somolana-Anzug. Das klang wie der Name eines afrikanischen Staates, war aber ein Gewebe aus sowjetischer und mongolischer Wolle. Mit diesem, dann umgearbeiteten Anzug bin ich 1958 in der Zwikkauer Methodistenkirche eingesegnet worden. Mein Vater hat es nicht mehr erlebt. Er ahnte nicht, daß ich einmal in seinem Somolana-Anzug konfirmiert werden würde ...

Das Haus

Das Haus, in dem ich aufgewachsen bin, ist ein typischer Gründerzeitbau mit reich verzierten Erkern und Neorenaissance-Giebeln. Natursteinornamente schmückten die Fassade – bärtige und geflügelte Köpfe, Delphine und neobarocke Blumenranken.

Fast alle Häuser in unserem Viertel stammen aus jener Zeit. Es gibt in der Zwickauer Nordvorstadt architektonische Prunkstücke des Jugendstils und auch einige hochnoble Villen, die an italienische Palazzi erinnern. Ich lernte in der Schule nichts über Kunstgeschichte, aber wir wurden unauffällig ästhetisch geprägt, durch Formen und Materialien an diesen Gebäuden. Das war schon ein anderer Start ins Leben als das Aufwachsen in einer Plattensiedlung, wo jeder von jedem Fenster auf das gleiche Haus sieht. Während in der Leipziger Straße prächtige Gebäude standen, die das aufstrebende Bürgertum hatte errichten lassen, lagen in deren Schatten, in der dahinter verlaufenden Max-Pechstein-Straße, noch kleine, geduckte, einstöckige Häuschen mit dunklen oder roten Ziegeldächern. Sie verbreiteten eine nahezu dörfliche Atmosphäre.

Mein Großvater kaufte das vierstöckige Haus, in dem ich aufgewachsen bin, im Jahre 1909. Woher er das Geld hatte, ist mir ein Rätsel, denn in jenem Jahr wurde gerade sein sechstes Kind geboren. Aber man lebte damals bekanntermaßen sehr spartanisch. Später mußte er für das Haus Hypotheken aufnehmen, die ihn ein Leben lang belasteten.

Im Erdgeschoß eröffnete Opa Curt Albin Ehrler das Bier- und Speiselokal »Fürst Bismarck«. Neben dem Gastraum gab es ein Jagd-, Vereins- und Frühstückszimmer. Meine Mutter erzählte mir, daß im Lokal viele Studenten der in der Nähe befindlichen Ingenieurschule verkehrt wären. Auch schlagende Verbindungen ließen ihr »Silencium« und entsprechenden Gesang ertönen. Ich spielte als Kind mit dreifarbigen langen Schärpen, die sich die schmissigen Typen diagonal über die Schulter und ihren manchmal schon stark ausgeprägten Bauch schlangen. Eines Tages entdeckte ich mit meinem Freund beim Stöbern auf dem Boden sogar zwei Degen mit schwarz-weiß-rot gewölbtem Handschutz. Das war natürlich für uns abenteuerlustige Burschen genau das richtige. Wir fühlten uns als mutige Husaren und fochten den Gang entlang. Dabei störten uns als Junge Pioniere die kaiserlichen Farben gar nicht.

Die längsseitige Front des Hauses lag zur Leipziger Straße hin, der Ausfallstraße nach Norden; den Hausflur betrat man durch die Hölderlinstraße. Er war wahnsinnig hoch und der Boden teilweise mit Mosaikornamenten ausgelegt – das hatte schon etwas Griechisch-Römisches. Auch die Haustür war überdimensional. Erstaunlicherweise konnten aber sogar wir Kinder sie leicht öffnen. Die hohe Haustür spielte eine Rolle in einem kindlichen Alptraum, den ich haargenau mehrmals träumte und deshalb in Erinnerung behalten habe: Mir träumte, es klingelte. Ich lief zur Wohnungstür, aber niemand stand davor. Darum ging ich mit dem Haustürschlüssel vom ersten Stock nach unten. Es war Abend. Als ich die Tür öffnete, stand vor mir auf der unbeleuchteten Straße – der Teufel!

Vermutlich war er über das von mir so geliebte Kasperletheater in meine Träume und dadurch an die Haustür der Hölderlinstraße geraten. Ich drehte mich um und wollte losrennen, doch da passierte es: Ich kam kaum vom Fleck, war wie gelähmt, die Beine schienen bis obenhin mit Blei ausgegossen. Im Zeitlupentempo durchmaß ich den palastartigen Hausflur. Ein schrecklicher Traum, der aber jedes Mal gut endete: Der Teufel hat mich nie gekriegt! Immer, wenn er mich fast erreicht hatte, war der Traum aus, und der Beelzebub hatte das Nachsehen! Deshalb hat er es irgendwann aufgegeben, mich in meinen Träumen heimzusuchen.

Wenn wir im Sommer aus der glühenden Hitze kamen, spürten wir den Boden des Hausflurs fast schmerzhaft kalt an unseren nackten Fußsohlen und hielten uns dort nicht lange auf.

Am Ende des Flurs führte eine ebenso hohe Tür wie jene zur Straße in den Hof. Das war ein besonders trauriger Ort: kein Rasen, keine Blumenrabatten, keine Bäume und Sträucher, die gesamte Fläche war mit Steinen gepflastert. Nicht ein Grashalm war zu sehen, nur triste, dunkelgraue Mauern. Eine Mauer war besonders hoch, darauf blickten wir von unserer Küche. Ein Onkel von mir hatte das Geviert treffend charakterisiert: »Unser Hof ist zwar nicht schön, aber hoch!«

Nur eine bestimmte Zeit gab es einmal einen Baum in der Hölderlinstraße 14. Wieso nun doch? Ganz einfach: Das war jene Zeit, als im Haus ein Jakob Baum wohnte, ein deutscher Jude. Und keiner weiß mehr, woher er kam, wohin er ging oder wohin man ihn brachte ...

Vom Hausflur führten ein paar Stufen zu einer Windfangtür. Wir nannten sie, wie wir es irgendwann aufgeschnappt hatten, »Winnfangtür« – was etwas chinesisch klang. Welcher Sachse spricht schon solch »d« am Ende eines Wortes hörbar aus! Ging man durch die Windfangtür, künstlerisch mit Bleiglas verschönt, lag rechts der Hintereingang der Gaststätte, den verschiedene Leute aus verschiedenen Gründen gern benutzten. Schließlich konnten sie damit ihren Gaststättenbesuch tarnen! Sie traten nicht, für alle sichtbar, an der belebten Ecke aus der Kneipentür, sondern aus der Haustür in der Hölderlinstraße und hätten genauso gut vom Zahnarzt Dr. Reinhardt oder vom Schneidermeister Schmalfuß kommen können!

Unvergeßlich ist mir das Geräusch, wenn die Brauerei Bier anlieferte. In den frühen fünfziger Jahren hielt tatsächlich noch ein Pferdegespann vor dem Haus. Die Pferde bekamen Hafersäcke umgebunden und mümmelten vor sich hin, schüttelten unwillig den Kopf, wenn sie das Heu nicht richtig zu fassen bekamen oder sich ein Halm zwischen ihren großen Pferdezähnen verklemmt hatte. Ich selbst hatte mit Pferden nicht viel im Sinn, weil mich ein Hochzeitskutschpferd vor unserer Kirche in den Oberarm gezwackt hatte.

Das, was die Pferde nach ihrer Verdauung dampfend auf die Straße fallen ließen, sammelten eifrig alle Besitzer von Kleingärten, denn sie sahen schon vor ihrem geistigen Auge, wie durch diesen natürlichen Dünger die Erdbeeren zu stattlicher Größe heranwüchsen. Ich kannte Kinder, die sich schrecklich schämten, wenn sie im Auftrag ihrer Eltern mit Kehrschaufel und Besen diesen »Färdeäbbln« hinterherjagen mußten.

Der Bierkutscher warf vor unserem Haus einen geflochtenen Hanfsack auf den Bürgersteig, und darauf polterten die schweren Bierfässer, die sein Mitfahrer zum Kellerfenster rollte. Im Rahmen waren zwei Holzstangen verankert. Der Wirt nahm das Faß vom Keller aus in Empfang, rollte es die Schräge herunter und stellte es mit einem Plumps auf den Boden. Die Geräusche dieser drei Anlieferungsetappen begleiteten mich durch die Kinderjahre.

Doch zurück zur Windfangtür, die ihre Arbeit wirklich ordentlich verrichtete. Hatte man sie hinter sich gelassen, ging es links in den Keller – für uns Kinder eine Mischung aus Unheimlichem, Angst und Abenteuer. Mein erster Blick in unserem Keller galt immer der Rattenfalle: Ich war froh, wenn ich darin keinen leblosen Nager erblickte.

Es gab ständig Ratten in unserem Keller, und ich polterte immer erst einmal mit der Schüssel an die Wand, wenn ich Kartoffeln holen sollte, um die huschenden langschwänzigen Tiere zu vertreiben. Mein Vater war ewig auf der Jagd nach ihnen, schließlich nagten sie an unseren Einkellerungskartoffeln, die im Herbst in Säcken angeliefert, im Hof ausgeschüttet und »gelesen« wurden. Das Wort schien mir in dem Zusammenhang sehr eigenartig, denn schließlich suchten wir sie nicht nach Schriftzeichen ab. »Kartoffeln lesen« bedeutete, die »Madschgardoffeln« auszusortieren und in den bereitstehenden Futterkübel zu werfen. Die

»Guten« polterten in eine hölzerne Horde, die unten eine futterkrippenartige Öffnung besaß. Bei der Entnahme rutschten immer wieder Kartoffeln nach.

Wenn das Frühjahr nahte, war das auch im Keller zu spüren. Draußen schlugen die Bäume und unten im finsteren Loch die Kartoffeln aus. Da mußte beizeiten »Keimstop« gestreut werden, um nicht nur runzlige »Ärdäbbl« zu haben.

Unter dem Kellerfenster zur Straße lag der Kohlenhaufen. Die Hausbewohner standen immer dabei, wenn die Kohlentrimmer die Säcke durchs Fenster kippten, damit die Kerle nicht mogelten. Aber wenn sie wollten, mogelten sie doch und schütteten auf dem Wagen etwas mehr Dreck in den Sack. Wir merkten das dann gegen Ende des Winters. Vor den Kellerfenstern hingen dicke, schwarze Spinnwebgardinen.

Von draußen drangen die Geräusche der Straße herein, unverständliche Wortfetzen von den Vorübergehenden, von denen nur Hosenbeine, Rock- und Kleidersäume zu sehen waren.

Mein Vater versuchte so recht und schlecht, im Auftrag der Erbengemeinschaft, unser Haus in Schuß zu halten. Es war unmöglich. Die Mietsummen stammten aus den zwanziger Jahren – Pfennigbeträge im Verhältnis zu den Kosten. Jeder Nagel wurde von meinem Vater auf einem Ziegelstein wieder »gradegeglobbd«. Der Nachkriegsmangel war gravierend. Von der Nachkriegszeit entfernten wir uns zwar in der DDR mit den Jahren, vom Mangel nie!

Die desolaten Dachrinnen drohten das Haus zu ersäufen. Der arme Staat versuchte mit Ersatz- oder Kunststoffen die Löcher zu stopfen, die fehlendes Buntmetall erzeugte. Ein neues Wunderwort hieß beispielsweise Vinidur. Als der Winter kam, und das Wasser in den Abfallrohren fror, krachten sie in Vini-Dur und -Moll auseinander!

Einige Menschen aus unserem Haus sind mir besonders in Erinnerung geblieben: Im zweiten Stock wohnte die freundliche Frau Müller mit ihrer Mutter und drei Söhnen. Bewundernswert schaffte sie es, die drei Jungs, Klaus,

Bernd und Peter, zu ernähren und zu kleiden. Die drei waren Experten im Basteln mit Plastilina. Als ich einmal im Winter in die warme kleine Küche der Müllers kam, war auf dem Tisch ein riesiges Heerlager von Soldaten, Panzern, Autos und Indianern aufgebaut. Die drei Brüder benutzten hölzerne Halmafiguren und kleideten sie entsprechend ein. Da wurde nichts vergessen, und selbst die Epauletten der Plastilina-Offiziere und der Federschmuck der Indianer waren farbig abgesetzt.

Fünf Menschen wohnten dort in drei Zimmern. Da in der Wohnung mit Löfflers weitere vier Menschen lebten, benutzten also neun Leute das Trockenklo ...

*

Im gleichen Stockwerk arbeitete ein Zahnarzt, direkt in der Wohnung über uns. Ich sah manchmal einige seiner Patienten mit gemischten Gefühlen auf dem Weg nach oben an unserer Tür vorbeigehen. Auf dem Rückweg hielten sie sich oft ein Taschentuch vor den Mund. Mancher spuckte auch ungeniert Blut auf die Treppe.

Schon vor der Praxis – der sich die Wohnung von Dr. Reinhardt anschloß – roch es logischerweise nach Zahnarzt. Der Mann im weißen Kittel war ein stiller, lächelnder Mann. Er ermahnte mich, meine Zähne ordentlich zu putzen. Das mußte er ja von Berufs wegen, obwohl die Zahnärzte vor allem von der ungenügenden Zahnpflege leben!

Wenn er bohrte, sah man in dem beweglichen verchromten Gestänge den dünnen Transmissionsriemen sausen, was mich immer an eine Maschine in einem Betrieb erinnerte. Das Geräusch selbst hörte sich auch nicht gerade sehr freundlich an. Im Haus erzählte man, daß er sich seine Zähne selbst zog. Das würde ich auch machen. Da braucht man nicht zum Zahnarzt zu gehen!

Ein Stockwerk höher wohnte mein Freund Uwe Stritzel. Eine Zeitlang schrieben wir uns kleine Briefchen, die wir uns gegenseitig in den Schlitz an der Tür steckten. Wir malten Briefmarken darauf und benutzten einen Kinderpoststempel. Wir erfanden eine Geheimschrift, die alten Keilschriften ähnelte. Ich habe noch einen Brief, den ich nie mehr enträtseln kann!

Uwe war technisch begabt. Sein Vater organisierte ihm zwei Telefonhörer, und Uwe installierte einen Fernsprecher vom dritten in den ersten Stock. Da stellten wir das Briefchenschreiben ein.

In der Wohnung von Uwe lebte außerdem noch Richard Schmalfuß mit seiner Frau. Er war Schneider, hatte eine gute Stimme und sang beim Nähen. Er saß auf dem Tisch in seinem Kabuff wie zu Urzeiten: im Schneidersitz.

In einigen der Bodenkammern wohnten, durch die Nachkriegsnot bedingt, ebenfalls Leute.

Unvergeßlich ist mir der Tag, als mich mein Vater einmal mit auf das Flachdach unseres Hauses nahm. Eine Leiter mußte an einem Dachfenster in der Decke angelegt werden. Dann stiegen wir nach oben. Mir bot sich ein unglaublicher Ausblick: die Dächer, Türmchen, Schornsteine – oder Essen, wie man sie in Zwickau hauptsächlich nennt – und der Himmel! Plötzlich war der Himmel so riesig gewölbt zu sehen.

Was ich erst bei Recherchen zu diesem Buch erfahren habe: in meiner Wohn- und Spielgegend, vor allem zwischen Osterweih- und Hölderlinstraße liegt der Ursprung der Stadt Zwickau. Ich lebte und spielte also auf historischem Terrain. Seit dem 11. Jahrhundert überlagerten sich hier deutsche und slawische Kulturen. Und das Verrückte ist: im 20. Jahrhundert überlagerten sie sich noch einmal für längere Zeit, als 1945 die Rote Armee mit ihren Panjewagen die Osterweih- und Hölderlinstraße kreuzte!

*

In den Nachkriegsjahren wurde jeder Zentimeter Erde genutzt, um etwas Eßbares zu produzieren. Auf unserem Hof konnten wir wegen der Steine weder Tomaten noch Kartoffeln anbauen. Er bot also keine Chance, den mageren Speisezettel mit eigenem Anbau aufzubessern. Eine andere Idee mußte her! Ehe ich davon erzähle, will ich Ihnen aber die Örtlichkeiten etwas näher beschreiben.

Die Bewohner jedes Stockwerks nutzten zum Wäscheaufhängen einen Balkon, der vom Treppenhaus aus betreten wurde. Die Balkontüren besaßen erstaunlich schön bemalte Glasscheiben, zumeist zierten sie trutzige Ritter, die bei Sonnenschein rote und blaue Lichtflecken auf die Stufen des Treppenhauses zauberten. Wenn ich im Sommer barfuß über die kühlen Stufen lief, wanderten die bunten Flecken über meine Haut. Die Tür mit »unserem« Ritter führte zum größten Balkon, der gar keiner war, sondern eine Terrasse. Trotzdem sagte jeder Balkon dazu. Terrasse klingt zwar recht feudal, reduziert sich aber gleich, wenn Sie erfahren, was sich darunter befand: die Toiletten der Gaststätte.

Diesen Anbau, der in den Hof ragte, muß seinerzeit ein begnadeter Baumeister entworfen haben, denn er verfügte über eine enorme Akustik. Wir konnten ein Stockwerk höher mitunter jeden Satz verstehen, den die Männer beim Wasserlassen sprachen. Und wenn erst gesungen wurde!

Ein Klang!

Wie im Völkerschlachtdenkmal!

Diesen Balkon, der eigentlich eine Terrasse war, nutzten wir für die Ernährung! Wie das!? Ganz einfach – dort baute mein Vater einen Kaninchenstall! Woher er in diesen schweren Zeiten das Holz für den Stall auftrieb, weiß ich nicht, erinnere mich aber, daß er aus gutem Grund die Flächen einiger Bretter nach innen verbaut hatte. Auf jenen war ein dunkelvioletter Stempel zu sehen: ein stilisierter Adler, der ein Hakenkreuz im Kreis in seinen Krallen hielt. Das Holz stammte offensichtlich von völkischen Kisten, die vielleicht noch wenige Jahre vorher dem Munitionstransport gedient hatten. Nun pinkelten die Hasen ans Hakenkreuz.

Die junge Republik warb regelrecht für das Halten der possierlichen Nager: »Auch Ihr Kaninchenfell ist ein wichtiger Rohstoff und notwendig für den Wiederaufbau der Wirtschaft.«

Wer hätte das gedacht, daß wir tatsächlich auf unserem Balkon, der keiner war, zum Wiederaufbau der ostdeutschen Wirtschaft beitrugen!?

Die Kaninchen – oder wie wir Sachsen sagen: Garniggl – waren natürlich die helle Freude. Die schönen Augen, die ewig schnuppernde Nase. Gern streichelte ich das zarte Fell. Manchmal hoppelten sie erschreckt weg, dann näherten sie sich wieder langsam, vor allem, wenn ich ihnen frisch auf den Muldenwiesen gepflücktes Grünzeug hinhielt.

Ich verschwendete noch keinen Gedanken daran, daß mein Vater die süßen Tierchen nicht für mich zum Streicheln hielt, sondern daß man sich eines Tages den Magen damit füllen wollte. Als die Stunde der Wahrheit schlug, war ich entsetzt!

Die possierlichen Fellträger sollten in der Pfanne unsrer Küche landen!? Eine schreckliche Vorstellung!

Unser Untermieter August Werner, aus einem schlesischen Dorf stammend, übernahm die Schlachtung und zog den Kaninchen das Fell ab. Dieser Anblick blieb mir glücklicherweise erspart, aber entsetzt sah ich den nackten Tierleib in der Pfanne. Nicht ein Stück hab ich davon gegessen! Erst streicheln und dann verspachteln! Bei allem Hunger! Das ging zu weit.

Ich verstand die Welt und meine Eltern nicht mehr.

Traurig ging ich auf die Wiese an der Mulde und kaute zur Erinnerung ein Sauerampferblatt.

*

Vermutlich hatte meine Eltern meine Trauer um die Kaninchen so beeindruckt, daß sie mich auf besondere Weise trösten wollten. Eines Tages hüpfte jedenfalls ein junges schwarzes Kätzchen in mein Leben. Ein echtes »Mohrle«, das ich sofort von Herzen liebte. Kam ich aus der Schule und meine Mutter öffnete mir die Wohnungstür, stand es schon mit emporgerecktem Schwanz im Korridor. In meinem Zimmer sprang es manchmal auf den handbreit großen Sims des Ofens und machte es sich dort gemütlich. Der Ofen war das schönste Stück unserer Wohnung: ein riesiger, verschnörkelter Kachelofen, der über Eck stand. Ein Prachtstück der Gründerzeit. Die dunkelgrünen Kacheln hatten reliefartige Muster.

Das Schrecklichste an unserer Wohnung war die Toilette. Ein Trockenklo. Auch aus der Gründerzeit. Wie eine große hölzerne Truhe stand es von Wand zu Wand im Raum.

Das Trockenklo verführte manche Hausbewohner dazu, den mühseligen Weg von den oberen Stockwerken zum Aschekübel im Hof abzukürzen. Und so polterte auch diverser Abfall durch das Rohr in die Grube. Das bereitete oft Probleme, wenn die Männer der ZWAG, der Zwickauer Abfuhrgesellschaft, die Fäkaliengrube leerten, weil sich diese Dinge beim Absaugen mitunter im Rohr verklemmten. Dann drohten die Männer, die Leerung abzubrechen, und mein Vater, als Hausverwalter, hatte die Bewohner wieder in einem Rundbrief zu belehren, daß Müll gefälligst in den Hof zu tragen sei, weil sonst die Toiletten nicht mehr benutzt werden könnten. Solch ein Schreiben half immer für eine Weile.

Die ZWAG war für mich als Kind der Inbegriff für Gestank. Die Männer kamen in den Hof, hoben einen Metalldeckel aus dem Boden und brachten geriffelte Gummirohre, die mit Zwischenstücken aus Metall verbunden wurden und von der Grube bis zum ZWAG-Auto reichten. Dort befand sich die Saugvorrichtung für die Leerung der Grube. Die Verbindungsstücken stammten wie alles andere aus der Vorkriegszeit und hinterließen auf dem Boden des Hausflurs eklige Rinnsale.

Toilettenpapier war in den frühen Jahren der DDR Mangelware, so lag an diesen Orten in meiner Kindheit immer zerschnittenes Zeitungspapier. Auf einem Nagel über einem Holzbrett gespießt endeten manch hehre Losung über die Fortschritte des Sozialismus und manch Politikerporträt.

Im dunklen Raum unserer Toilette stand auch eine metallene, weiß emaillierte Badewanne. Drum hieß der Raum das Bad, obwohl wir die Wanne nicht benutzen konnten. Der alte Badeofen war längst verschrottet, und Geld für einen neuen hatten wir nicht. Meine morgendlichen Waschungen fielen deshalb im Winter, im kaltem Bad mit kaltem Wasser, recht kurz aus. Ich dachte überhaupt diesbezüglich sehr effektiv. Wenn mich meine Mutter im Vorschulalter wieder vom Tisch wegschickte, weil meine Hände nicht ihrem ästhetischen Empfinden entsprachen, wies ich darauf hin, daß ich doch nicht mit der Oberseite der Hände essen würde. Und die Handflächen hatte ich ja – bitte sehr – mit Wasser benetzt.

Küche und Bad, das keins war, zierte ein Ölsockel. Das war sozusagen die Arme-Leute-Variante für Fliesen. Der grünliche Ölsockel war abwaschbar, oben begrenzte ihn ein farbig passender Strich. Gebadet wurde in der Küche in einer Zinkbadewanne. Das benötigte Wasser erwärmten wir auf dem Küchenherd und dem Gaskocher. Die Ofenplatte glühte dann über der Feuerstelle. Meine Mutter legte ab und zu Briketts nach. Die waren unter dem Herd im Kohlenkasten deponiert, den sie quietschend vor und zurück bewegte.

Mit dem Sommer kamen die Fliegen. Am Küchenfenster hing dann ein Fliegenfänger, ein klebriges schmales Band von bräunlicher Farbe, das man aus einer Papprolle zog. Diesem Streifen, der vermutlich für die winzigen Nasen der kleinen Insekten süßlich duftete, gingen sie im wahrsten Sinn des Wortes auf den Leim. Mehr als »sieben auf einen Streich«! Sie zappelten noch eine Weile – ohne Erfolg, dann war Ruhe. Die anderen Artgenossen hielt das aber nicht ab, ebenfalls auf dem Streifen zu landen, obwohl sie doch bemerkt haben mußten, was am Ende daraus würde! Aber sie waren zum Glück unbelehrbar.

Neben dem Küchenofen stand auf einem Gestell ein zweiflammiger Gaskocher, links davon der Aufwaschtisch. Eine Gosse, also ein Ausgußbecken, war an der Wand befestigt. Darüber ein uralter Wasserhahn, der in Wandnähe Grünspan angesetzt hatte.

Verglichen mit der Dresdner Wohnung meiner Eltern waren wir nach dem Krieg in die Steinzeit zurückgekehrt. Das bedrückte meinen Vater sehr, wie ihn überhaupt unsere schlechte finanzielle Situation belastete.

Um so mehr erstaunte mich, daß er, der auf mich in jenen Jahren selten einen unbeschwert fröhlichen Eindruck machte – mein Bruder hat da ganz andere Erinnerungen an die Zeit vor dem Krieg –, an einem Sommerabend am Küchenofen stand und in einen Tiegel mit erkaltetem weißem Fett sah. Mein vielleicht fünfzigjähriger Vater erschien mir damals, zumal nur noch ein Haarkranz seinen Kopf schmückte, schon recht alt. Ich, der sogenannte Nachzügler, sah nun an jenem Abend, wie er plötzlich mit einem Messer ein Gesicht in die Bratpfanne malte. Das hätte ich nicht für möglich gehalten. Daß mein Vater noch so »kindisch« sein konnte, hat mich sehr verwundert. Wenn ich mir das heute als Mittfünfziger so überlege ... also, ich könnte das auch machen!

*

In meinen frühen Kinderjahren lebte in unserer Wohnung noch ein Umsiedler-Ehepaar, die Werners. Wir Kinder wußten, daß Umsiedler – den Begriff Vertriebene gab es in der DDR nicht – irgendwie mit dem Krieg zusammenhingen. Sie waren Deutsche und hatten ihre Heimat verlassen müssen.

Ihre Sprache klang in unseren Ohren zumeist etwas komisch.

Die Erwachsenen, das schnappte ich auf, schimpften manchmal, daß es unter den Umsiedlern Menschen gebe, die so taten, als hätten sie alle mit den Nazis nichts im Sinn gehabt. Kunststück. Meist war alles verloren, auch das, was sie hätte belasten können.

Wir Kinder sagten über die Herkunft solch eines gleichaltrigen Zugezogenen: »Der kommt von dort, wo die großa Pilza wachsa mit die langa Stiela.« Wir meinten Schlesien. Ein oft gebrauchtes Wort in meiner Kindheit. Doch jener

Landstrich, den es benannte, war selbst zu Friedenszeiten weit weg. Meine Eltern waren nie in Schlesien und wären da auch nie hingekommen. Nur durch den verlorenen Krieg lernten sie Leute von dort kennen.

Das Ehepaar in unserer Wohnung kam vom Dorf. Sie liefen auch in der kalten Jahreszeit barfuß über den Fußboden, ohne etwas Besonderes dabei zu finden. Völlig normal war für sie, die Briketts in ihrem Zimmer unter dem Tisch fein säuberlich zu stapeln. Aus Sicherheits- und Bequemlichkeitsgründen.

Meine Eltern, die in Dresden selbst viel verloren hatten, statteten das Zimmer für die Familie mit Möbeln meines verstorbenen Großvaters aus. Im kleinen Korridor kochten und buken die Werners. Besonders verführerisch war der Kuchenduft.

Die Werners hatten Kinder im Westen, und so brachte der Postbote Päckchen mit Backzutaten, von denen wir nur träumen konnten. »Oma Werner« hatte aber zu meinem Glück ein gutes Herz, und ich kam in den Genuß von manchem Stück herrlichen Streuselkuchens.

Ihr Mann August war ein kräftiger, bäurischer Mann mit einem Stiernacken. Der Name August gefiel mir, denn der Sommer war schon wegen der Ferien eine tolle Jahreszeit.

Oma Werner zog nach dem Tod ihres Mannes in den fünfziger Jahren zu einem ihrer Kinder nach Ansbach. Von ihr habe ich mein erstes Westpäckchen bekommen! Mit richtigem Kaugummi und Schokolade!

Unters Dach, in drei nebeneinander liegende sehr schlichte Bodenkammern, zog die Familie K. Als ihr kleiner Sohn mich und einen weiteren Jungen mit in die Wohnung nahm, stand Frau K. gerade, nur mit dem Unterhemd bekleidet, über eine Schüssel gebeugt und wusch sich Gesicht und Arme. Als wir nacheinander, aus den Augenwinkeln zum weißen Frauenkörper hinschielend, vorbeitrotteten – »Daach!« –, sagte sie den mir unvergeßlichen Satz: »Wieviel kumma hier noch reigeschissa, wenn ich mich hier wascha!?«

Damit stand für mich fest, daß Frau K. auch aus Schlesien stammte.

In unserer Nähe wohnten einige Familien, die von der Bekleidung her aussahen, als wären sie Komparsen in einem alten Film. Die Frauen hatten mehrere, verschieden gemusterte dunkelblaue oder schwarze lange Röcke übereinander an. Mitunter lugten weiße Spitzen vor. Die Männer trugen dunkle Anzüge, schwarze Hüte. Das wären Ungarn, wurde uns gesagt. Es waren aber in Ungarn lebende Deutsche, die ebenfalls nach dem Krieg ihre Heimat hatten verlassen müssen. Sie erschienen mir immer traurig und hatten vermutlich schreckliches Heimweh.

*

Den Korridor unserer Wohnung nannten meine Eltern übrigens nur »Vorsaal«. Erst viel später, als ich den Sinn des Wortes einmal abgeklopft habe, ist mir bewußt geworden, daß wir quasi einen Vorsaal ohne Saal hatten! Unser Wohnzimmer war alles andere als ein Saal! Der Kachelofen darin war übrigens umgesetzt. Das bedeutete nicht, daß er von einem Zimmer ins andere umgesetzt worden war, sondern in Ermangelung entsprechenden Geldes war er aus den Kacheln von drei verschiedenen Öfen neu aufgebaut worden.

Undenkbar war damals ein Wohnzimmer ohne Gardinenstange! Wer selbst nicht das handwerkliche Geschick besaß, beauftragte einen Dekorateur. Hinzu kam: Keine Gardine ohne Übergardine! Es gab welche, die das Fenster lediglich einrahmten, oder solche, die des Abends zugezogen wurden.

In unserem Wohnzimmer prunkte ein Klavier. Darauf spielte mein Vater manchmal das »Vilja-Lied«, und meine Mutter sang dazu. Sie hatte eine schöne Stimme, und ihr war geraten worden, sich ausbilden zu lassen. Mein Großvater hatte aber dazu weder Geld noch Interesse, und so sang meine Mutter als junges Mädchen bei der Arbeit in der Küche des Restaurants oder im Vereinszimmer mit ihren Brüdern, Freundinnen und Bekannten.

Mein Bruder Martin spielte sehr gut Klavier, und das motivierte auch mich. Ich lernte bei Fräulein Elisabeth Castor. Sie war natürlich längst dem Fräulein-Alter entwachsen, aber trotzdem wurde sie so angesprochen. Es war damals üblich, daß man selbst uralte Damen mit »Fräulein« ansprach, wenn sie unverheiratet geblieben waren.

Meine Klavierlehrerin trug eine starke Brille, viele Ketten und war sehr geschminkt. Vermutlich, weil sie sich als Künstlerin fühlte. In jenen Jahren galt Schminken noch als untrügliches Zeichen von Künstlertum oder einen etwas freieren Lebensstil. Meine Mutter schminkte sich nie.

Als ich der sensiblen Künstlerin einmal etwas selbst einstudiertes Jazziges vorspielte, »In the mood« etwa, rief sie in höchsten Tönen »Hör auf, Bernd! Hör auf!« und hielt sich mit theatralischer Geste beide Ohren zu. Was ich ihr an Unterhaltungsmusik abringen konnte, waren gerade noch Stücke in der Walzer-Art von »Viola, Viola ...«. Mein persönlicher romantischer Hit auf dem Klavier in jenen Tagen hieß »Wenn ein junges Mädchen weint, weiheint es nuhur auhaus Liebe ...«. Ich konnte mir zwar damals noch nicht vorstellen, daß man aus Liebe weint, aber das Lied gefiel mir sehr.

Meist traktierte mich Fräulein Castor mit der dicken Klavierschule von Damm, dem »Holland-Mädel«, dem in aller Welt von Laien zerhackten »Für Elise« von Beethoven, dem »Fröhlichen Landmann« und natürlich der »Träumerei« des Zwickauer Lokalmatadoren Robert Schumann.

Was ich Elisabeth Castor nie vergessen werde: Nach dem Tod meines Vaters hatten wir kein Geld mehr für Klavierstunden. Sie erteilte mir kostenlos Unterricht, denn sie hielt mich für ein Talent. Mein Problem war nur, daß ich gut spielen wollte, ohne zu üben. Die Rechnung ging nicht auf. Sie hätte mich zu gern am Zwickauer Robert-Schumann-Konservatorium gesehen, aber für klassische Musik interessierte ich mich erst später. Mir reichte das Gelernte immerhin zur »Hotterei« in zwei Bands.

In unseren Kinderjahren gehörten übrigens Klavierstunden immer noch zum guten Ton. Von den acht Kindern in unserem Haus traktierten drei die weißen und in Maßen auch die schwarzen Tasten.

Auch im Erdgeschoß unseres Hauses wurden die Tasten oft traktiert. Es waren immer dieselben Lieder, die mich – in den Schlaf wiegten kann man nun wirklich nicht sagen, aber trotzdem bin ich immer gut darüber eingeschlafen. Zum Beispiel über »Wenn das Wasser im Rhein gold'ner Wein wär' …«. Sehr beliebt war auch »Schön ist so ein Ringelspiel« oder »Wer soll das bezahlen, wer hat das bestellt, wer hat so viel Pinkepinke, wer hat so viel Geld?« – dieser Hit zählt zum Liedschatz meiner frühen Jahre, er wurde sehr oft gehämmert! Wie auch »Heute blau und morgen blau und übermorgen wieder …«. Ja, um die Trinkerei ging es in vielen Liedern der fünfziger Jahre. Natürlich wurde auch die Liebe besungen: »Ich zähl mir's an den Knöpfen ab, ja, nein, ja, nein ja, ob ich bei dir Chancen hab, ja, nein, ja, nein, ja.« Na ja. Im Ohr klingen mir: »Nimm mich mit Kapitän auf die Reise«, »Es liegt was in der Luft«, »Ich bin ein Vagabund« und »Brennend heißer Wüstensand« mit der nie zu vergessenden Refrainzeile »Schön, so schön, schön war Zeit …«.

Der Handwagen

Sein ratterndes Geräusch ist aus unseren Städten nahezu verschwunden. Ein leerer Handwagen konnte auf einer gepflasterten Straße einen mordsmäßigen Krach machen! Eine Wohltat, wenn sich eine Asphaltstraße anschloß und er endlich leise rollte.

Jede Familie besaß in meiner Kindheit einen Handwagen.

Der Stellmacher »machte« sie. Einer hatte seine Werkstatt um die Ecke – in der »Bäschschdeinschdraße«. Als Kind dachte ich bei diesem Namen an das »Bäsch«, also »Pech«, aus dem Märchen von der »Pechmarie«. Es dauerte eine ganze Reihe von Jahren, bis ich erfuhr, daß die Straße nach Max Pechstein benannt war, einem bedeutenden Maler, der in Zwickau das Licht der Welt erblickt hatte.

In den Hof dieses Stellmachers konnte ich nur sehen, wenn das hölzerne Tor offenstand. Das war für mich immer eine Freude. Es roch nach frischem Holz und da lagen oder hingen Teile von neuen Handwagen, die seitlichen Leitern etwa oder Räder, die noch nicht mit dem Metallband beschlagen waren.

Es gab offene und geschlossene Handwagen, also entweder an der Seite mit Leitern – sozusagen die Miniaturausgabe des bäuerlichen Erntewagens – oder mit Holzwänden. Mit der Deichsel konnte man die Richtung bestimmen, woraus sich ableitete, daß man eine Sache »deichselt«. Die beiden Querstreben zwischen den Leitern ließen sich wie eine Schranke nach oben stellen, wenn man einen metallenen Stift gezogen hatte. Dann konnte man Lasten laden, die länger als der Wagen waren.

In den Bombennächten des Zweiten Weltkriegs spielte der Handwagen vielerorts eine große Rolle. Mancher Verwundete wurde damit ins Krankenhaus gebracht, Hab und Gut durch die Ruinen kutschiert.

In den Nachkriegsjahren war der Handwagen für die Familie *das* Transportmittel. Was wurde damit alles geholt: Holz aus dem Wald, lebenswichtige Kartoffeln vom Bauern oder Briketts vom Kohlenhändler.

In jenen Jahren fuhr ich mit meiner Mutter im Handwagen auch die Wäsche auf die Bleiche! Was war eine Bleiche!?

Unweit unserer Wohnung, an der Crimmitschauer Straße, gab es einen alten Bauernhof, das sogenannte Stadtgut. Auf den angrenzenden Wiesen wurden die großen Tafeltücher und die Bettwäsche breit gelegt, mit einer Gießkanne besprengt, und dann sorgte die liebe Sonne für das strahlende Weiß, das heute jeder aus der Waschmittelwerbung kennt!

Andere Wäschestücke wurden auf die Leine gehängt. Damit die Stoffe nicht im Schmutz schleiften, gab es hölzerne Wäschestützen, die oben eingekerbt waren. Sie sorgten für die gleichmäßige Höhe der Leine. Die trockene Wäsche wurde dann mit dem Handwagen noch einmal durch die Gegend kutschiert – zur Rolle. Ich half meiner Mutter oft, den Wäschekorb in diesen Raum zu tragen. An einigen Häuserwänden Zwickaus waren die alten farbigen Emailleschilder erhalten, die eine Frau an solch einer elektrischen Wäschemangel zeigten.

In der Mangelstube war es schrecklich ungemütlich und sommers wie winters sehr kalt. Es roch feucht und muffig, ein unangenehmer Raum. Und dann dieses Ungetüm! Die schrecklichen Geräusche, die das Gerät von sich gab!

Die Wäsche wurde auf Mangeltücher gelegt, um ein überdimensionales Nudelholz gewickelt und unter einen Holzkasten geschoben, in dem schwere Wackersteine lagen. Wenn meine Mutter den Schalter betätigt hatte, senkte sich der Kasten und rollte gräßlich knirschend das umwickelte Holz hin und her. Ein Gerät, das in der kindlichen Phantasie Alpträume verursachen kann. Mich gruselte die

Vorstellung, daß darunter ein Körperteil platt gewalzt würde!

Ich kann mir gut erklären, warum es Formulierungen gibt wie: »Den haben sie in die Mangel genommen!« oder »Ich fühle mich wie gemangelt!«. Dann sehe ich immer das Marterinstrument in der Max-Pechstein-Straße vor mir.

Wozu benutzten wir unseren Handwagen noch? Im November rollten wir ihn mit Deckreißig beladen zum Friedhof, um die Gräber der Angehörigen vor dem Totensonntag mit Tannen- oder Fichtengrün zu schmücken. Lautlos federten die Zweige bei jedem Holperstein.

Und dann war der Wagen natürlich unentbehrlich bei der Rumpelmännchen-Aktion! Die berühmte Altstoff-Sammlung des armen Staates, die ihre umweltfreundliche Seite hatte. Die Volkswirtschaft brauchte dringend Buntmetall. Den Namen fand ich komisch, denn dieses Metall war überhaupt nicht bunt.

Das Sammeln war für uns Ehrensache. Und brachte Punkte in der Schule. Mit meinem Freund Uwe transportierte ich einmal eine Fuhre Bleirohre und anderen Schrott zur Annahmestelle hinter dem Schwanenteich. Eine Tour quasi durch die ganze Stadt. Wir bekamen vierzehn Mark. Eine Wahnsinnssumme damals! Für jeden sieben Mark!

Ich entsinne mich, daß in der Annahmestelle metallene Gegenstände lagen, die heute in Antiquitätengeschäften Höchstpreise erzielen würden. In den fünfziger Jahren wurde viel »altmodischer Kram« weggeworfen. Er paßte nicht in die neue Zeit, und man sagte zu mancher Antiquität: »Der alte Dreckfänger!«

In den Städten diente der Handwagen auch in Ermangelung von Taxis in den Nachkriegsjahren als Transportvehikel für sturzbetrunkene Männer, die damit sehr unsanft, aber wenigstens überhaupt nach Hause kamen. Am Himmelfahrtstag, der bekanntlich auch Herrentag genannt wird, sah ich einmal solch einen »Herren« schlafend in einem Handwagen, den seine auch nicht gerade nüchternen Freunde singend durch die Gegend fuhren.

In den Dörfern zog auch mal eine Ziege den Handwagen eines Jungen. Und in den Städten spannten ältere Leute ihren Schäferhund ein, um dessen Zugkraft zu nutzen. Somit gab es nicht nur Pferde-, sondern auch Hundefuhrwerke!

Eins darf keinesfalls vergessen werden: der Handwagen als Rennwagen für Kinder. Bestens geeignet für Wettfahrten! Ein Junge oder ein mutiges Mädchen saß im Wagen, einer schob. Gemütlich war die Tour über die Pflastersteine nicht, denn das Wägelchen hatte null Federung, aber Spaß machte es allemal. So eine Fahrt ging selten ohne Schrammen und blaue Flecken ab. Gelenkt wurde die Deichsel mit den Füßen. Nicht ganz ungefährlich, vor allem bergab, wenn der Sozius aufsprang und der lenkende Rennfahrer kein Steuerexperte war. Endete die rasante Fahrt an einer Mauer, konnte der Stellmacher meist nur noch die Diagnose »Deichselbruch« stellen.

Übrigens: Handwagen wurden geklaut, deshalb war es nicht ungewöhnlich, sie im Keller angekettet stehen zu sehen.

Nun ist der Handwagen nahezu ausgestorben, fast jede kleine Last wird mit dem Auto durch die Gegend kutschiert. Nur hin und wieder sieht man noch alte Leute aus Gärten ihre Ernte nach Hause bringen.

Apropos Umwelt: Das Schöne am Handwagen war und ist: Er hat keinen Auspuff!

Der Reifen

Neben dem Handwagen war das Fahrrad von existentieller Bedeutung: als schnelles Fortbewegungsmittel und für diverse Transporte. Es gab Fahrradanhänger, auf denen ganze Schränke transportiert wurden. Handwerker, wie zum Beispiel Ofensetzer, besaßen spezielle Dreirad-Gefährte für ihre Utensilien.

Ältere Leute benutzten die Wendung: »Und da haben wir das Rad gesattelt.« Das leitete sich noch aus der Nähe zum Pferd und dessen Sattel ab; nicht umsonst sprach man auch vom Stahlroß oder Drahtesel.

Der Mangel an Ersatzteilen in den fünfziger Jahren war permanent. Manches aus jener Zeit klingt schon wie eine Legende. Ein Bekannter erzählte mir, daß sein Fahrrad der Nachkriegszeit in Ermangelung von Schläuchen mit Pappe »bereift« war. Die Pappe war mit Draht festgezurrt, und man kann sich vorstellen, wie bei nassem Wetter der »Reifendruck« allmählich nachließ. 1950 unternahm er mit Freunden eine Fahrradtour von Zwickau nach Eisenach. Auf der Autobahn!!!

Dort geschah es: Die Pappe flog davon, und die »Bereifung« war dahin. Was tun? Sachsen sind schon immer erfinderisch gewesen. In der Nähe befand sich eine Weide. Mal sehen, ob sich da nicht etwas Verwendbares … natürlich lag dort keine Pappe herum, aber beim Inspizieren des Wiesenstücks stieß man auf einen ungewöhnlichen Ersatz.

Ein Kälberstrick wurde zum Reifen umfunktioniert. Allein der Knoten bereitete ein kleines Problem! Bei Bodenberührung »hubbde« der Fahrer leicht in die Höhe und sah deshalb die Wartburg schon etwas eher als die anderen!

Spielzeug

Mein erstes Spielzeug, an das ich mich erinnern kann, ist ein Teddy gewesen. Aber keiner mit Knopf im Ohr. Kein Riesenteddy. Kein plüschig flauschiges Knuddeltier, sondern ein Selbstgestrickter!

Meine Mutter hatte ihn aus Wollresten gefertigt. Ich sehe ihn vor mir, diesen aus brauner und grauer Wolle entstandenen Freund, den ich liebte, wie nur Kinder etwas lieben können, das weder schön noch teuer, aber für ein Kinderleben unentbehrlich ist. Und seine braunen Stopfgarnaugen sah ich natürlich ganz anders, als sie ein Erwachsener betrachtete.

Später bekam ich von meinem Bruder eine Burg. Das war mein Lieblingsspielzeug. Burg und Ritter – das klang wohl in den Nachkriegsjahren schon etwas zu militaristisch. Deshalb funktionierte sie meine Mutter zu einem Dornröschenschloß um. Ohne Hecke. Mich kümmerte es wenig, daß die Burg von deutschen Wehrmachtssoldaten, Indianern und Trappern gleichermaßen umkämpft wurde. Und zwischendurch galoppierte ein mittelalterlicher Bleisoldat auf seinem Gaul den steilen Burgberg hinauf. Wenn er Glück hatte, schaffte er es, in den Burghof zu kommen, zog ich allerdings vorher die Falltür an zwei Ketten hoch, plumpste er in den blau gemalten Burggraben.

Ich besaß von meinem Bruder noch einige Elastolin-Figuren. Zum einen eine Militärkapelle. Die interessierte mich aber, ehrlich gesagt, nicht. Was konnte man schon damit machen? Man konnte sie aufbauen, den Schellenmann voran, und da standen sie dann mit Tschingdarassabumm auf dem Fußboden herum. Sie waren mir doch etwas zu harmlos, denn mit einer Trompete konnte man schlecht schießen!

Richtige Soldaten mit Gewehr oder Pistole waren da schon etwas anderes. Damit ließ sich mehr anfangen. Außer den Soldaten besaß ich einen Panzerspähwagen und eine Kanone. Zu ihr gehörte auch ein kleiner Suchscheinwerfer aus grauem Blech. Die lackglänzende Kanone war mit grün-braunen Tarnfarben gespritzt und sah noch wie neu aus. Alles von bester Qualität. Mit Zündblättchen konnte man schießen. Aber – wie überall – war die Munition ausgegangen. So drehte ich das Rohr gegen die Stuckdecke meines Zimmers und ahmte mit dem Mund die Detonation der Geschosse nach.

Der Panzerspähwagen war besonders attraktiv. Ich zog ihn auf, und er surrte auf zwei Gummiketten über den Boden. Aus dem Rohr blitzten Funken von einem Feuerstein.

Aber nicht mehr lange, denn ich trat den Jungen Pionieren bei. Und die spielten nicht mit diesem Kriegszeug.

Ich ging in den Hof und rüstete mit einem Hammer ab. Meine Gefühle waren zwiespältig. Ich ahnte, daß ich etwas Richtiges tat, aber in Anbetracht des Mangels waren auch ein surrender Panzerspähwagen und eine drehbare Kanone ein spürbarer Verlust.

Wenige Jahre später lagen in den Schaufenstern der Spielzeugläden wieder Panzer, Soldaten und Kanonen. Allerdings nicht in solcher perfekten Vorkriegsqualität. Ich wunderte mich sehr darüber, auch wenn das neue Kriegsspielzeug als Friedensspielzeug deklariert wurde.

Als 1956 die Nationale Volksarmee gegründet wurde, schnappte ich in einem Gespräch meiner Eltern auf, daß man doch nach dem Krieg gesagt habe, jenem Deutschen solle die Hand verdorren, der je wieder ein Gewehr in die Hand nehme.

Und nun das!

Und nicht einem Soldaten der Nationalen Volksarmee ist je eine Hand verdorrt.

Zu meinen Spielsachen zählte auch ein schönes altes Holzschiff mit weißen Segeln. An einem Metallhaken befestigte ich eine Schnur und ging mit meiner Mutter und einem Freund zur nahe gelegenen Mulde, um das Schiff in seinem eigentlichen Element zu bestaunen. Jedoch – die Schnur riß vom Haken ab, das Segelboot nahm Kurs aufs große Meer. Lange schaute ich traurig dem für mich nicht mehr erreichbaren kleinen Segelkahn hinterher. Irgendwann verschwand er am Horizont. Wie manches andere Spielzeug aus meiner Kindheit. Bis auf die Burg!

Die ist nun schon sechzig Jahre im Besitz unserer Familie. Mit der hat mein Sohn Sascha genauso gern gespielt wie ich – und seinem kleinen Friedrich wird sie in drei, vier Jahren wohl auch gefallen!

*

Mein Vorkriegs-Kaufmannsladen hatte eine richtige Uhr. In der Mitte der Rückwand war sie ins Holz eingelassen, in Messing gefaßt. Leider funktionierte sie nicht. Aber trotzdem – ein Kaufmannsladen mit Uhr, das war schon etwas Besonderes! Alle staunten.

Links und rechts vorn hatte der Miniaturladen zwei Glasfenster. Hockte man sich hin, konnte man richtig durchs Glas in den Laden gucken. Hinter der Ladentafel waren die Fächer mit diversen kleinen Porzellanschildern: Bonbongläser standen da, gefüllt mit Liebesperlen. Zur Weihnachtszeit kullerten sie durch alle Zimmer. Warum die Perlen so hießen? Keine Ahnung.

In meinem Laden gab es vieles, was ich im Geschäft der Kunz-Mardl gesehen hatte. Kleine Bierflaschen im Kasten und grünen Likör. Und alle Waschpulverpäckchen, die Ostdeutschland damals zu bieten hatte: WOK, PERSIL, MILWOK, GENTINA und die unverwüstlichen Reinigungsmittel ATA und IMI.

Eine Kasse gab es und Spielgeld. Und immer wieder die geäußerte Bitte an die Eltern und den Bruder, doch zu kommen und einzukaufen. Meine Mutter war besonders geduldig, »kaufte« und »kaufte« und hatte für den Kaufmann immer noch einen Spaß parat.

Einmalig in der Geschichte des Geldverkehrs war, daß

der Kaufmann die eingenommenen Scheine und Münzen sofort wieder an den Käufer zurückgab, damit der Einkauf nicht wegen fehlender Finanzen abgebrochen werden mußte. Die von mir genannten Summen entsprachen selten der Realität, aber meine Mutter wies höchstens einmal darauf hin, daß sich manche Waren doch wieder enorm verteuert hätten.

Wenn das Spielgeld nicht reichte, um den Einkauf zu bezahlen, holte ich aus einem Schubfach »Inflationsgeld« aus dem Jahr 1923.

Für 30 Milliarden Mark bekam meine Mutter bei mir aber maximal eine kleine Flasche grünen Likör und ein Päckchen ATA.

Spiele

Ich habe in einem Bericht gelesen, daß Kinder meiner Generation noch bis zu hundert Spiele kannten. Ich mache die Probe aufs Exempel und erinnere mich auf Anhieb an über dreißig.

»Ich geh noch bißl spielen« war mein Lieblingssatz. Stundenlang haben wir »Verstecker« gespielt. »Eins, zwei, drei, vier, Eckstein, alles muß versteckt sein. Wer hinter mir steht, wer vor mir steht, wer an mein' beiden Seiten steht – der isses! Eins, zwei, drei, Ich kooomme!« Dabei wurde das Wort »komme« schon gesungen. Erste Silbe nach oben, zweite nach unten.

Und wenn ich dann als Suchender jemanden in seinem Versteck entdeckt hatte und zur entsprechenden Stelle zurückrannte, um »Eins, zwei, drei, Gertraude angebrannt!« zu rufen, dann gab es für dieses Mädchen nur die Chance, schneller als ich am »Eckstein« zu sein, um das erlösende »Frei!« mit dem Handschlag auf den Stein zu rufen. Ja, es war schon aufregend, »frei!« zu sein.

Oder das uralte Spiel »Fanger«, das normalerweise »Hasche« hieß, aber bei uns in Zwickau so genannt wurde, weil man jemanden fangen mußte. Einer mußte mit Handschlag berührt werden: »Du bisd's!« Ein anderes beliebtes Spiel war »Räuber und Gendarm«; in Zwickau sagten wir »Räuber und Schänzer«. Meine Frau hat mir erzählt, daß sie es in Leipzig »Räuber un Schammbammbl« nannten. Wie ging das? Keine Ahnung mehr, aber es war spannend und schön.

»Wir wolln die Bürger-Bauer-Brücke aufbauen, wer hat sie denn zerbrochen? Der Goldschmied, der Goldschmied, mit seiner jüngsten Tochter. Tretet alle, alle durch, tretet alle, alle durch, der letzte wird gefangen, mit Spießen und mit Staaaaaaang...gen!«

Dann sanken die Arme zweier Kinder, die die Brücke symbolisierten, herunter, und ein »Kopf« war gefangen. »Wo willst du hin?« Zwischen zwei vorher vereinbarten Begriffen konnte der Gefangene wählen: »Zum Silber oder zum Gold?«, »Zum Apfel oder zur Birne?« oder zum Beispiel »Zur Schere oder zum Schleifstein?«.

>»Rote Kirschen eß ich gern,
schwarze noch viel lieber,
in die Schule geh ich gern,
alle Tage wieder.
Hier wird Platz gemacht
für die jungen Damen.
Dreimal durch das goldne Tor,
ich weiß nicht, wer es war.
Es war ein hübsches Mädchen,
mit goldig blondem Haar.
Steffi soll sie heißen.
Sie hängt sich an mein Kleid.
Und sollt mein Kleid zerreißen,
dann wein wir alle beid!«

Kein Mensch weiß, wer solche Lieder zu bestimmten Spielen erfunden hat. Volksmund, Volksweise ... die Quellen sind längst versiegt. Im Zeitalter des Konsums und der Dauerberieselung durch die Medien läßt sich der Volksmund kein Kinderlied mehr einfallen. In meiner Kindheit waren Kassettenrecorder und Kofferradio undenkbar. Wenn wir Musik haben wollten, mußten wir selber singen.

Beliebt waren auch Glasmurmeln. Bis zum heutigen Tag mag ich diese glatten kleinen Kugeln mit ihrem farbigen Innenleben sehr. Manchmal kauf ich mir eine, meistens grüne Glaskugel – in Amsterdam oder Jerusalem – und lege sie zur Erinnerung an meine Kindheit in ein Glas, das in meinem Fenster steht.

Fasching

Mitte der fünfziger Jahre sollte auf Beschluß der Partei der Kölner Karneval in der DDR imitiert werden. Lebenslust auf Verordnung, Faschingsschlager wurden in Auftrag gegeben:

»Es muß nicht der Rhein sein,
auch die Mulde ist naß.
Hab ich keinen Rheinwein,
trink ich Bier aus dem Faß.«

Was sollte uns das lehren? Mit etwas Stimmung läßt es sich auch in der DDR aushalten, man muß nicht nach Westdeutschland abhauen! Damit Lebenslust triumphiere, herrschten zu den Faschingsabenden »Du-Zwang« und »Kußfreiheit«, und schon sah die Welt in der tristen DDR ganz anders aus!

»Itze satse!« hieß der karnevalistische Schlachtruf im Zwickau des Jahres 1956. Mit etwas gutem Willen läßt sich das übersetzen. »Itze« bedeutet in dieser Gegend »jetzt« und »satse« kann man mit »sagt sie« ins Hochdeutsche übertragen. Die Reimereien der »lustigen« Lieder überschritten allerdings die Schmerzgrenze um mehrere Dezibel:

»Karneval ist wieder in der Kohlenstadt, jeder Schwanenbürger da gute Laune hat ...«

O weh.

Die HO annoncierte in der »Freien Presse«: »Ohne Sonne keinen Frühling, ohne Stimmung keinen Karneval.« Und bot an:

»Weinbrand Verschnitt	0,7 l	DM 8.70
Sauerkirsch Dessert	0,7 l	DM 4,25
Johannisbeer Dessert	0,7 l	DM 3,75
Stachelbeer Wein	0,7 l	DM 3,25«

Na, wenn da keine Stimmung aufkommt!
Die Faschingszeit war für uns Kinder sehr aufregend. Wir »putzten« uns dann an. Tage vorher fragte man untereinander: »Als was gehst'n du?« In ganz jungen Jahren verkleidete man sich als Koch oder Schornsteinfeger, später war man lieber Trapper oder Indianer. Am Faschingstag zogen wir von Laden zu Laden:

>»Ich bin ä gleener Bimber,
>hab finfunzwanzich Ginder
>un wennse mir nischd gähm,
>da nehm ich mirs Lähm!«

Manche gaben einem schon bei »Bimber« etwas, weil sie die ganze Litanei nicht hundertmal am Tag hören wollten. Wir kannten natürlich mit den Jahren die Läden, in denen man etwas bekam, und wir wußten auch, welche Kaufleute geizig waren. In mancher Bäckerei erbettelten wir Kuchenränder. In der Schreibwarenhandlung Grafe schenkte man etwas Papiernes, ein Löschblatt oder ein Stammbuchbild; die Kunz-Mardl in ihrem ehemaligen Kolonialwarengeschäft schräg gegenüber langte in ihr Bonbonglas, in der Apotheke am Nordplatz bekamen wir viereckige Lakritzpillen, die ich nicht mochte. Ich schleppte meine Freunde auch zu meiner Tante in die Mohren-Drogerie, die uns Eukalyptusbonbons offerierte.

Ich bedauerte, daß Fasching nicht im Sommer war, dann hätte man sich luftiger anziehen können. Das blieb den Erwachsenen zu den Faschingsbällen vorbehalten. Wir mußten warme Sachen unter dem Kostüm tragen, wenn wir durch die Straßen zogen, denn es war meist »gnaggegald«.

Bei Cu-Ri-Zwi (Curt Richter, Zwickau) konnte man lustige Faschingsmasken kaufen. Damals lachten die Masken noch. In der Leipziger Volkszeitung sah ich eine Annonce, die für »Lustige Gesichtsmasken« warb und zähnefletschende Gruselmonster zeigte. Beim Anblick dieser Dinger hätte ich als Kind Angst gekriegt!

Hubbmännl

Was kann sich hinter dieser Überschrift verbergen?
Übersetzen wir das Wort erst einmal ins Hochdeutsche: Hüpfmännchen.
Was sind Hüpfmännchen?
Wer sie erfunden hat – wir werden es nie mehr erfahren. Jene Wesen ängstigten auf alle Fälle die Kinder. Es wurde von ihnen erzählt ..., sie waren eine Mischung aus kleinen grünen Männchen vom Mars und gefährlichen Agenten des Kapitalismus. In den vierziger Jahren machten sich die Amis bekanntlich mit den ersten Ufos nebst merkwürdigen Insassen interessant. Und solche Geschichten schwappten eben auch an die Zwickauer Mulde.

Mit dem Abend kamen jedenfalls in den frühen fünfziger Jahren in Zwickau die »Hubbmännln.« Immer schwor irgend jemand Stein und Bein, daß er jemand kenne, der jemand kenne, der sie gesehen habe! Auf Sprungfedern würden sie durch die Straßen hüpfen und kämen dadurch wahnsinnig schnell voran. Kein Polizist könne sie einholen.

Was sie nun wirklich Schlimmes vollführten – dazu konnte keiner etwas Konkretes sagen. Entführten sie Menschen auf einen anderen Stern, oder sabotierten sie die volkseigene Wirtschaft?

Uns Kindern waren die Berichte von den geheimnisvollen Wesen jedenfalls nicht geheuer, und wir waren eine Zeitlang froh, bei Anbruch der Dunkelheit beizeiten im Haus zu sein. Wir lugten noch einmal vorm Zubettgehen durch die Gardine, ob wir einen Schatten von jenen Männchen erhaschen würden, und dann, ja dann hüpften sie durch unsere Träume.

Frühling

Wenn sich die Kreisel, angefeuert von kleinen Peitschen, auf der Straße drehten, wenn also diese kleinen, hölzernen, bunten Kegel über den Asphalt hüpften, dann war der Lenz gekommen – egal, ob schon alle Vögel da waren oder nicht.

Es gab absolute Meister-Kreisler und totale Dilettanten, die mehr die Luft um den Kreisel herum trafen. Mein Schulfreund Ralf Schönhofer hatte einen Hang zu Extravaganzen. Einmal erschien er auf der Heinrich-Heine-Straße zum Kreiseln in den Stöckelschuhen seiner Mutter. Das hat sich aber nicht bewährt.

Die Kreisel auf unseren Kindheitsstraßen drehten sich manchmal verwirrend schnell. Wir nahmen sie nur noch als verschwommene Formen wahr. Und wenn das Leben einen mitunter durcheinanderbringt und durch die Gegend hetzt, sagt man zu Recht: »Ich bin vielleicht heute wieder gekreiselt!«

Jede Unebenheit der Straße war für die Kreisel eine Gefahr.

Hatte man Glück, hüpften sie bei einem Stein einfach in die Höhe, um dann weiter durch die Gegend zu trudeln. Wichtig war vor allem der richtige Gebrauch der Peitsche. Manche Schnüre waren ganz zerfleddert vom vielen Peitschen. Das war aber für die Erhöhung der Geschwindigkeit durchaus von Vorteil, ausgefranste Schnüre brachten die Kreisel besonders auf Touren. Und vor allem kleine Knoten in der Schnur feuerten sie an.

Während sich mancher Kreisel in leuchtenden Farben über die Straße drehte, war bei anderen nur noch das nackte Holz zu sehen, nicht die geringste Farbspur, auch nicht in den gefrästen Rillen. Peitschwütige Kinder hatten ihn schon zu oft über die Fahrbahn gejagt.

Das Spielen auf der Straße war damals ungefährlich. Die paar Kraftfahrzeuge, die während des Spiels angetuckert kamen, wurden von den mitspielenden Kindern noch ausgerufen: »Achtung! Ein Auto!«

Wer wohlhabender war, schnallte sich im Frühling die Rollschuhe unter, auch reifentreibende Kinder waren noch zu sehen – der letzte Gruß von der Jahrhundertwende.

Im Frühling klauten wir nicht nur Flieder, wir »zutschten« damals die Blüten aus. Was die Bienen können, dachten wir, das können wir schon lange, und so stillten wir unseren Heißhunger auf Süßes auch mit solch winzigen Portionen. Der violette Flieder hatte mehr Nektar zu bieten als der weiße. Dafür wurde letzterer besungen: »Wenn der weiße Flieder wieder blüht, sing ich dir mein schönstes Liebeslied ...« Wir hatten zwar noch keinen Grund, um Liebeslieder zu singen, aber was man in der Kindheit mehrmals gehört hat, bleibt ein Leben lang im Kopf, ob Lieder oder Sprüche, Redewendungen oder Rätsel.

Der Knappengrund

Heute gibt es in Zwickau keine einzige Gaststätte mehr, wo man unter Bäumen sitzen und auf die ruhig dahinfließende Mulde sehen kann. Irgendwie habe ich das Gefühl, daß die Zwickauer ihren Fluß immer etwas links liegengelassen, etwas vernachlässigt haben. Weil er das Zentrum nicht berührt, fließt er wohl weitestgehend unbeachtet an der Stadt vorbei.

Jene beiden Kneipen am Fluß, die ich aus meiner Kindheit in Erinnerung habe, erreichte man von der Stadt aus über die »Bierbrücke«. Dort hing immer jener typische Braugeruch in der Luft, der von Hopfen und Malz (Gott erhalt's!) herrührt und aus der Vereinsbrauerei stammte. Gleich hinter der Brücke gab es eine kleine uralte Schankwirtschaft. Eine weitere stromauf. In einem kleinen Haus daneben wohnte eine Frau, die einen Papagei besaß. Das war sensationell. Es war der erste Papagei, den ich in meinem Leben sah. »Lora, Lora« riefen wir, und vom Fenster echote jenes buntgefiederte Exemplar zurück.

Der Weg unter hohen Bäumen führte zum Knappengrund. Er ist heute völlig verändert. Die kleinen heimeligen Häuser sind verschwunden, auch die spätmittelalterlichen Bergkeller, die im Krieg als Luftschutzkeller dienten und keinen Notausgang hatten.

Der Knappengrund war in meiner Kindheit ein verwunschenes Gelände – ideal für abenteuerliche Spiele. Eine – inzwischen sehr lädierte – Treppe führt noch heute zu einem eisernen Pavillon aus der Kaiserzeit mit einem schönen Blick auf den Fluß und die Stadt. Doch sieht man nun von dort als sehr zweifelhafte Sehenswürdigkeit vor allem den strömenden Verkehr der B 93 und das verfallene Schloß Osterstein.

Der Knappengrund, diese feuchtkühle Waldschlucht, besteht aus Rotliegenden. Der rötliche Sand stammt aus Vulkanen. Wir sind hier im erdgeschichtlichen Altertum, dem Palöozoikum. Ehemals gingen die Bergknappen dort hindurch zum Schacht, so kam der Grund zu seinem Namen.

Unsere kindliche Mutprobe bestand darin, daß wir die steilen Hänge des Grundes im Zickzack hinuntersprangen und einen »Affenzahn« drauf bekamen. Dabei hatten wir einen Spruch auf den Lippen: Blink, blank, blonk, das Zauberkorn. Wir ahmten nach, was wir so ähnlich in einem sowjetischen Märchenfilm gesehen hatten. Dort stürzte sich auch irgend jemand todesmutig in die Tiefe. Ich habe mir die Stelle im Knappengrund noch einmal angesehen und kann mich nur wundern, daß wir unten immer heil angekommen sind. Der Geist des Zauberkorns muß uns wohl vor Schaden bewahrt haben.

Das Paradies oder Rosen und Dill

Mein Spiel-Paradies hatte einen Namen: es hieß Park »Neue Welt« – der umgab den größten, im Jugendstil erbauten Terrassensaal Sachsens. Hinter dem langgestreckten Bau befand sich der traumhaft angelegte Park. Die Schwester meiner Mutter hatte einen Sohn des Gründers Richard Harzer geheiratet. Nach dem Tod ihres Mannes Max Harzer führte sie das große Unternehmen allein weiter.

Die »Neue Welt« erlebte bewegte Nachkriegswochen. Die amerikanische Armee feierte im Jugendstil-Saal ihre Feste mit Bigband-Swingmusik. Meine Mutter schwärmte, wie sauber und hygienisch es bei den Amerikanern zugegangen sei. »Mit weißen Schürzen standen sie im Wintergarten an ihren Ölöfen!« Das hatte sie von Soldaten nicht erwartet! Mein zwölfjähriger Bruder Martin war in dieser Zeit oft in der »Neuen Welt«. Seine noch unter Hitler gepaukten englischen Vokabeln kamen ihm beim Übersetzen zugute, wenn die Sieger aus den USA etwas von meiner Tante wollten. Seine Sprachkenntnisse rubelte mein Bruder in Lebensmittel für uns um, in Weißbrot und Erdnußbutter.

Die Zeit von Mitte April bis Ende Juni 1945 gehörte zu jenen Wochen, in denen wir durch das Organisationstalent meines Bruders einigermaßen über die Runden kamen. Dann zogen die Amis ab und die Russen kamen, die nicht nur Russen waren, sondern auch Ukrainer, Kirgisen, Aserbaidshaner, aber fürs Volk blieben sie – die Russen. Anfangs tauchten welche mit aufgepflanztem Bajonett auf und forderten von meiner Tante Schnaps. Sie führte die Soldaten in den leeren Keller. Um dem ständigen Ärger aus dem Weg zu gehen, bat meine Tante den russischen Kommandanten um ein Schreiben, das sie an die Kellertür klebte. Sie hat nie erfahren, was auf diesem Zettel stand, aber sobald die trinkfreudigen Soldaten einen Blick darauf geworfen hatten, zogen sie schnell wieder ab.

Nun war es vorbei mit Weißbrot und Erdnußbutter. Überliefert ist, daß 3000 sowjetische Soldaten für einige Wochen im Terrassensaal übernachteten. Er wurde zum russischen Nachtlager umfunktioniert, durch den Ballsaal wurden Leinen gezogen. Viele der Tischdecken – die Stapel waren irgendwann von den Soldaten in den Schränken entdeckt worden –, beendeten ihr strahlendes einstiges Tafeldasein als Zudecke oder Fußlappen in den Stiefeln der Roten Armee. Solche Gäste hatte der glitzernde Ballsaal noch nicht gesehen.

Für die Offiziere wurde in der Küche der »Neuen Welt« gekocht, für die Mannschaften in Kesseln auf der Wiese. Meine Tante avancierte zum Herdmädchen. Morgens wurde sie von einem Soldaten mit dem Ruf geholt: »Chana, Chana, komm!« Richard Harzer, der Gründer der »Neuen Welt«, lag krank im Bett, und das war wohl auch der Grund, daß die Familie überhaupt in jenen Tagen bleiben durfte. Mein Onkel Max, der kein Mitglied der NSDAP gewesen war, hatte als Chef des Hauses die Toiletten sauberzumachen.

Meine Cousine Annemie und mein Cousin Heiner mußten auf Anordnung der sowjetischen Besatzungsmacht die »Neue Welt« verlassen. Anfangs durften sie ihre Eltern einmal pro Woche sehen, am Zaun ein paar Worte wechseln, später dann in einem Raum des Gebäudes unter Aufsicht eines Soldaten.

Nachdem die »Neue Welt« von der Roten Armee geräumt worden war, begann das große Aufräumen. Bereits am 2. Dezember 1945 fand im Saal der erste Weihnachtsmarkt statt. Das Angebot wird mehr als bescheiden gewesen sein. 1946 tanzte Mary Wigman hier.

1947 sprach Walter Ulbricht über Aufgaben und Politik der SED. Die »Neue Welt« hat vom künstlerischen Tanz bis zum ideologischen Eiertanz alles gesehen.

Der prunkvolle Saal, in zwei Jahren erbaut und im Jahr

1903 eröffnet, hatte in Deutschland Maßstäbe gesetzt, sowohl hinsichtlich seiner Architektur und Ausstattung als auch seiner Beleuchtungstechnik. Neben dem riesigen Kronleuchter faszinierten die Lichterketten an den Terrassen, über den Treppen, die Kristallspiegel noch einmal funkeln ließen. Auf der ersten Terrasse imponierten langgewandete Frauenfiguren, die als Säulen die Decke stützten. Ein Nachschlagewerk klärte mich darüber auf, daß man die Damen, die in der »Neuen Welt« entweder eine Brust oder etwas Bein zeigten, Karyatiden nennt. Die alten Griechen benutzten die sinnlich geformten Säulen und zeigten so, daß nicht nur Herr Atlas, sondern auch Frau Karyatide Schwerstarbeit leisten kann.

In den fünfziger Jahren hetzte die »Freie Presse« gegen solchen »Kitsch« und forderte meine Tante auf, den Saal zu modernisieren.

Das konnte sie zum Glück verhindern. Anläßlich der Konzerte eines Robert-Schumann-Wettbewerbes wurden von der Stadt Zwickau die Damen für diese Zeit allerdings provisorisch verkleidet. 3000 Menschen faßte der Saal mit seinen zwei Terrassen. Auf einer Vorkriegs-Ansichtskarte ist er für 1000 Menschen eingedeckt.

Eintausend Weingläser und Teller, die in einem kleinen Raum, der sogenannten »Aufwaschküche«, wieder abgewaschen und poliert wurden!

Im Saal sah ich Schlagersänger, Komiker und hörte Bigbands swingen. Doch erlebte ich immer nur die Anfänge der Programme, weil ich als Kind natürlich abends mit meinem Vater nach Hause gehen mußte, während meine Mutter dort bei ihrer Schwester als Kaltmamsell und Kaffeeköchin bis in die Nacht arbeitete. Oft stand ich an einer der hinteren Säulen des Saales und blickte gebannt auf das Geschehen. Später durfte ich gar mit meinem Cousin Heiner in die Kulissen und verfolgte die Programme von der Seite. Wer trat damals nicht alles in der »Neuen Welt« auf! Alle, die in den fünfziger Jahren Rang und Namen in der Unterhaltungskunst hatten: Barnabas von Géczy, Kurt Hohenberger mit Amalie Becker, Max Greger, Walter Dobschinski, Karl Walter, das Orchester Schwarz-Weiß, Kurt Henkels mit dem Star-Schlagzeuger Fips Fleischer und dem Trompeter Walter Eichenberg, die später beide eigene Bands hatten. Nicht zu vergessen das beliebte Zwickauer Orchester Charly. Der Chef hieß mit bürgerlichem Namen Karl Zitterbart. Aber ein solcher Name ist keine Werbung für Swing-Musik! Also wurde daraus Charly. Reneé Franke, Margot Friedländer, Maria Andergast, Fred Bertelmann und der junge Fred Frohberg begeisterten das Publikum.

In der »Neuen Welt« fanden Bälle statt und Konzerte, Tanzstunden und Turniertanz-Abende, Nutztier-Ausstellungen und Kundgebungen, Zirkus und Boxveranstaltungen. Zu einem Boxkampf wurde der Ring auf dem Tanzparkett, direkt unter dem riesigen Kronleuchter aufgebaut. Ich stand hinter einer Säule und sah zu. Mir war unerklärlich, wie Menschen jubeln konnten, wenn ein Boxer auf die Bretter ging oder ihm das Blut aus der Nase tropfte. Ich war dann froh, wenn endlich der Gong ertönte und sich in der blauen oder roten Ecke jemand um den lädierten Kämpfer kümmerte. Es machte mich auch staunen, daß erwachsene Männer während eines Kampfes schrien. Normalerweise benahmen sie sich überall relativ ruhig. Schreien war doch Sache der Kinder! Aber hier bläkten ältere Männer plötzlich: »Hau ihn um!« oder »Hau ihm eene offn Bauch!«. Das hat mich sehr verwundert, zumal die Erwachsenen immer bemüht waren, uns Kindern klarzumachen, daß wir uns nicht »hauen« sollten.

*

Einen Tag nach solch einem Kampf konnte es in der »Neuen Welt« schon wieder völlig formvollendet zugehen. Nämlich dann, wenn Käthe Müller die jungen Menschen der Stadt tanzen und gutes Benehmen lehrte. Die »Müllern« hatte das mit sanftem Druck schon bei Generationen von Zwickauern geschafft. Wen sie unter ihren Fittichen gehabt hatte, der vergaß das ein Leben lang nicht. Sie veranstaltete Tanztees mit Plattenspieler, Frühlings- und Weihnachtsbälle mit Orchester.

Das »Rück, rück, Seite, ran!« oder was sie sonst an Tanzbefehlen parat hatte, klingt mir noch im Ohr. Auch da stand ich wieder an der Säule. Wenn ein besonders unmusikalischer junger Mann seine Partnerin mit unbeholfenen, immer etwas verzögerten Schritten übers Parkett schob, mußte meine Mutter den Platz neben der Säule sofort räumen, weil sie solch ein Anblick zu längerem herzlichem Lachen provozierte.

Ohne Schlips durfte bei der »Müllern« niemand eine Tanzveranstaltung betreten. Kannte sie den Übeltäter, dann sagte sie: »Du weißt doch, das geht nicht, mein Herzl!« In ihrem kurzen Pelzcape stand sie zu den Bällen neben dem Einlaßpersonal an der Tür, begrüßte mit strahlendem Lächeln die Gäste und überprüfte so nebenher jeden auf seine Schicklichkeit. Sie sah über Jahrzehnte blendend aus, und über ihr wirkliches Alter gab es in der Stadt schon immer Gerüchte. Mich erinnerte sie an eine Schauspielerin aus einem Ufa-Film der vierziger Jahre. Man konnte annehmen, sie habe nie etwas anderes getan, als in solch einem Film singend und tanzend eine Riesentreppe herunterzuschweben.

Der Anachronismus der Tanzschule Müller war eigentlich komplett, wenn man die Uniformierung der Jugend durch die gesellschaftlichen Organisationen sah – den Proletkult der fünfziger Jahre im Land – und dann plötzlich die bürgerlichen Umgangsformen, die die »Müllern« in strenger Freundlichkeit von den jungen Damen und Herren forderte. Ihre Wohnung, erzählte mir meine Mutter, beherbergte ein Sammelsurium von Porzellanvasen und Kristallschalen, denn jeder Kurs schenkte ihr nach dem Abschlußball solch einen Wohnzimmerschmuck.

Anläßlich der Abschlußbälle versammelten sich in der »Neuen Welt« alle Verwandten der Tanzstundeneleven und sahen entzückt dem Einmarsch der Paare zu, waren gerührt, daß die eben noch im Hof spielenden Kinder im

Wiener Walzer und Foxtrott mehr oder weniger elegant übers Parkett schwebten. Und manch Träne glitzerte im Auge der Eltern.

Ich besitze ein »Merkbüchlein enthaltend wichtige Lehren im gesellschaftlichen Gange sowie die Commandos der Quadrille à la cour und des Contre-dance«. Im Impressum firmiert die Tanzschule noch unter C. Müller und Frau. Doch der Mann der »Müllern« spielte eine untergeordnete Rolle, war wohl eher für das Rechnerische zuständig. Ich erinnere ich mich nur an seine gefärbten Haare und einen glitzernden Ring an seinem Finger. Schon als Kind hatte ich das Gefühl, daß die »Käthe« ihrem »Curt« immer die »Commandos« gab.

Ich selbst habe übrigens später keine Tanzschule bei der kinderlosen »Müllern« mitgemacht. Erstens hatte ich nach meinen Kindheitserfahrungen keine Lust, ein Mädchen mit solchen Tänzen übers Parkett zu schieben. Die Tänze meiner Jugend hätte ich dort sowieso nicht gelernt, denn auseinandertanzen durfte man bei der »Müllern« nicht. »Das geht nicht, Bernd!« bekam ich zu hören, als ich einmal mit meiner Freundin Annelie in der »Neuen Welt« zu einem Tanzstundenball »herumhottete«. Da traf sich kurioserweise die Kulturpolitik der spießigen DDR mit der vornehm-bürgerlichen Tanzschule. Aber auch bei starkem Interesse meinerseits an einer Tanzstunde wäre es nicht dazu gekommen. Mein Vater lebte nicht mehr, und meine Mutter hätte dafür einfach nicht das Geld aufbringen können – bei einem monatlichen Durchschnittsverdienst von 180 bis 220 Mark ...

»Die Müllern« war in Zwickau eine Institution. Vielleicht auch deshalb, weil sie in die Tristesse des Sozialismus einen Hauch Bürgerlichkeit und eine gewisse Festlichkeit brachte. Ich behaupte, daß nirgendwo so viele Leute aus jener Generation heute noch mit Schlips im Theater sitzen wie in Zwickau.

Die Energie der Müllern war enorm. Zehn Tage nach einer Brustkrebsoperation stand sie am Einlaß in der »Neuen

Welt« zum Frühlingsball. »Ich kann Ihnen heute nicht die rechte Hand zur Begrüßung geben, deshalb kriegt jeder die linke.«

Ihr Haar leuchtete blond bis ins hohe Alter. Bei Sonne hielt sie sich eine Zeitung vor das Gesicht. Nicht gebräunt, blaß war vornehm. Und Sonne machte Falten.

*

Drei Dinge in der »Neuen Welt« haben mir als Kind besonders gefallen. Zum einen eine alte Personenwaage. Sie stand im Keller, wo sich die Garderoben befanden. Hinter Glas war dort in einer Art Foyer auch eine Schaufensterpuppe des Konfektionsgeschäftes Seidel zu bewundern. Ein Mann im »guten Anzug« starrte jahrelang unverwandt die Leute an. Die Waage war innen beleuchtet, und ein Schild informierte: »Erst Stillstand der Scheibe abwarten.« Deshalb stand ich immer regungslos mit den Händen an der Hosennaht darauf. Mein Cousin Heiner warf einen Aluminiumgroschen in den Schlitz. Die Waage heulte kurz auf, und eine Pappkarte fiel in die blanke Metallkuhle. Ein Fliegengewicht hatte sich gewogen.

Das zweite Ding, das mich sehr interessierte, war eine Telefonzelle. An der Tür hing ein rot-weißes Emailleschild. Eine Hand hielt einen Hörer, von dem Wellen ausgingen und damit andeuteten, daß die Sprache zum Empfänger auf die Reise gehe. Besonders gefiel mir, daß eine Lampe aufleuchtete, wenn ich die Zelle betrat! Drinnen roch es nach kaltem Zigarettenrauch. Manchmal ging ich mehrmals rein und raus, und brav leuchtete jedes Mal nach dem Tritt auf die Bodenplatte die Glühlampe.

Mein Lieblingsding schließlich war ein alter Schokoladenautomat. Schokolade war in meinen frühen Kinderjahren ein Fremdwort, aber augenscheinlich hatte es einmal so viel davon gegeben, daß man sogar Automaten damit füllen konnte. Das überstieg meine Phantasie! Der gußeiserne, verschnörkelte Automat aus der Zeit der Jahrhundertwende, etwa so groß wie die alte Waage, glänzte in einem kräftigen dunklen Rot und erinnerte an einen besonders prächtigen kaiserlichen Feuermelder. Ich sah verzückt auf jene Stelle, wo vor dem Krieg die Schokolade herausgefallen war, und hätte zu gern einmal das Innenleben des Gerätes inspiziert. Es konnte ja sein, daß sich vielleicht noch ein einziges Täfelchen verklemmt hatte ...

In der DDR kam der rote Schokoladenautomat nie wieder zu Ehren. Solange die »Neue Welt« privat geführt wurde, stand er im Zimmer des Buchhalters, einem düsteren Raum, in dem früher Vereine tagten, und hätte auf einer Antiquitätenmesse im Westen schon damals viel Geld gebracht. Irgendwann ging er in der Schrottsammlung unseres rohstoffarmen Landes unter. Ein Jammer!

Bei der Gelegenheit muß ich an den Buchhalter erinnern. Das war der etwas wunderliche Herr Mittelbach. Da er in einem ungeheizten Raum arbeitete, trug er im Winter ein Katzenfell unter seiner Weste. Unter seinem Tisch, auf dem sich Ordner, Rechnungen und Akten stapelten, glühten ein paar Heizspiralen. Allerdings bekamen nur seine Füße und Beine etwas von der Wärme ab. Deshalb trug Herr Mittelbach auch Müffchen, die erbärmliche Variante des Muffs für arme Leute. Aus Wollresten wurden etwa zehn Zentimeter lange schmale Schläuche gestrickt, die man über die Handgelenke zog. Sie wärmten den Puls und hießen deshalb auch Pulswärmer.

So saß also der Herr Mittelbach im Winter in seinem Arbeitsraum, mit warmen Beinen, aber rot gefrorenen Händen, das Gesicht im Farbton des Schokoladenautomaten. Akkurat schrieb er seine Zahlen. Wie einer Zahlen und Rechnen schön finden konnte, war mir ein Rätsel. Wenn Herr Mittelbach still vor sich hin rechnete, bewegte er lautlos seine Lippen. Ging er zu meiner Tante, um mit ihr etwas zu besprechen, watschelte er in seinem ausgebeulten Anzug mit Schlips und Weste chaplinartig durch die Räume. Meine Tante mußte oft nachfragen, er war schlecht zu verstehen, da ihm zur Artikulation etwas Entscheidendes fehlte: die Zähne. Vermutlich hatte er eine Wahnsinnsangst vor dem Zahnarzt, und so fiel ihm, während er Zahl um Zahl addierte, Zahn um Zahn aus. Schließlich blinkte nur noch ein letzter weißer Gruß aus dem Mittelbachschen Mund. Wenn er lachte – und er konnte unter Umständen einen verschmitzten Humor blitzen lassen –, dann warf er seinen Oberkörper etwas nach hinten und hielt, um den Zuhörer nicht mit einem Blick in seinen zahnlosen Mund zu irritieren, sofort seine Hand davor.

Zur Arbeit kam er mit einem Uralt-Fahrrad, immer im Anzug, im Winter in einem Ulster und mit einer Schirmmütze auf dem Kopf, die noch älter als das Fahrrad war. An den Hosenbeinen blinkten die unverwüstlichen Fahrradklammern. Auf dem Gepäckträger, der sich über dem Vorderrad befand, klemmte eine abgeschabte schmale Ledertasche. Herr Mittelbach handelte nebenher mit Waffeln. Seine Frau hatte aber nicht sehr viel Vertrauen in die Kaufmannstalente ihres Ehegatten. Ihr vernichtendes Urteil lautete: »Von einhundert Mark kriegt das Finanzamt achtundneunzig – zwei Mark sinn seine!«

Soviel zu Herrn Mittelbach, aber nun muß ich endlich von dem herrlichen Park erzählen, der heute nur noch zu einem Teil existiert. 1911 hatte auf diesem Gelände eine große Gartenbauausstellung stattgefunden. Vieles davon wurde in die Gestaltung der Parkanlage integriert. Der Gründer der »Neuen Welt«, Richard Harzer, reiste weit umher und brachte besondere Bäume und Büsche mit. Es gab unglaublich viele Rosensträucher. Die Rosenblüten befanden sich in Höhe meiner Nase, wenn ich damals durch den Park stromerte – deshalb habe ich ihren Duft besonders intensiv genossen. Im Gemüsegarten, der an den Park grenzte, versteckte ich mich am liebsten im großen Dillbeet. Auch diesen Duft liebe ich bis heute, und es gibt kein Jahr, in dem ich dieses Küchengewürz nicht in einem Topf auf unserem Balkon aussäe.

Der Park war berühmt für seine Buntlaub-Bepflanzung, es gab ein Alpinium, Steinterrassen, und vor dem Krieg hatten zur Belustigung der Kinder sogar ein Affenzwinger und ein Waschbär-Gehege existiert. Die Affen waren eines Tages im Winter nach einem Heizungsschaden an einer Kohlenmonoxydvergiftung gestorben. In ihrem Zwinger residierte in meiner Kindheit der Schäferhund Rex.

Park und Gemüsegarten waren das Reich von Herrn Kochte. Er ähnelte einem Gärtner aus einem Bilderbuch der Jahrhundertwende, hatte eine Zeit auf einem Rittergut gearbeitet und empfand sich als Herrschaftsgärtner mit entsprechender Berufsehre. Einerseits dienend, aber andererseits Herrscher über die ihm anvertrauten Flächen. Da ließ er sich nicht hineinreden. Wollte meine Tante einen Rosenstrauß, mußte sie ihn darum bitten. Wenn Mitglieder der Familie eine der duftenden Blüten heimlich abgeschnitten hatten, stand er kurze Zeit später vor Erregung bebend neben meiner Tante: »Frau Harzer, es fehlt ... eine Rose!!!« Trotz unzähliger Rosen im Park kannte er jede Knospe. So ergab sich die kuriose Situation, daß die Angehörigen der Familie Harzer in ihren eigenen Anlagen klauen mußten, wenn Herr Kochte eine Besorgung machte oder sich gerade über das Kohlrabibeet beugte.

Er arbeitete stets im dunklen Jackett, mit weißem Hemd und Schlips. Das Jackett legte er nur im Sommer bei sehr großer Hitze ab und krempelte dann die Ärmel des Oberhemdes hoch. Die Weste dagegen, an der eine silberne Uhrenkette baumelte, trug er selbst zu den Hundstagen. Es fehlte bei seiner Ausstattung natürlich weder Pfeife noch Hut. Das ehemals braune Lederband der grauen Kopfbedeckung war vom Schweiß längst schwarz eingefärbt. Der alte Kochte hatte für Werkzeug, Töpfe und Sämereien eine Holzhütte, die ich besonders mochte. Darin roch es nach Erde, Laub und Holz, dieser Geruch mischte sich manchmal mit Pfeifenrauch. All das schuf ein unverwechselbares Aroma.

Überall in den Anlagen des Parks standen verschiedene Figuren, eine Amorgruppe, Frauen mit wallenden Gewändern, zwei Löwen flankierten die Dahlienrabatten in Richtung Ausgang zur Mulde. Eine Venus lockte in eine künstliche Grotte. In der Orchestermuschel am Konzertpark fanden vor dem Krieg im Sommer an jedem Sonntag Konzerte statt. Links und rechts der Muschel schlossen sich große überdachte Veranden an. Dort konnten sich die Gäste vor plötzlich einsetzendem Regen in Sicherheit bringen. All diese Bauten wurden bei der sogenannten Rekonstruktion der »Neuen Welt« in den siebziger Jahren abgerissen. Dadurch wurde der letzte Original-Konzertpark der Jahrhundertwende in Sachsen zerstört.

Der Zwickauer Denkmalsschutz schloß, wie schon beim Abriß der Altstadt, beide Augen.

Die großen Kastanien des Bier- und Kaffeegartens wurden einem häßlichen Foyer-Anbau geopfert. In der Vorkriegszeit hatte die »Neue Welt« an dieser Stelle am Mittwoch und Donnerstag zu »Damenkaffee bei guter Musik« eingeladen. (Wie schmeckt Damenkaffee?)

In meiner Kindheit trafen sich sonntags noch viele der inzwischen älter gewordenen Damen zum Kaffee, und ich seh einen ebenfalls schon älteren Kellner, den engen Pappkragen um seinen Hals, schwitzend und schwer atmend, die riesigen Tabletts mit Kaffeekännchen und Buttercremetorte an die Tische im Schatten der Kastanien tragen. Zu denen, die Familien im alten Stil bedienten, gehörte der hagere »Feustel-Babb«, also der Papa Feustel, ebenfalls ein Kellner älteren Kalibers. Er wirkte auf mich immer besonders »geschnieschelt un gebiechelt« – kein Wunder, schließlich hatte er einst auf einem Schiff der Hamburg-Amerika-Linie serviert. Meine Mutter konnte es nicht fassen, als er erzählte, daß es in den Gängen des Ozeandampfers sogar schon Steckdosen gegeben hatte, damit man bei der Reinigung die Staubsauger anschließen konnte.

Für meine Tante bedeutete das sonntägliche Kaffeegeschäft ein großes Risiko. Ihr besorgter Blick galt dem Himmel. Blieb es schön, oder ließ ein plötzlich einsetzender Regen die Kaffeegäste gar nicht erst bis in die »Neue Welt« kommen? Bei solch geschäftsschädigendem Wetter blieb man schließlich auf den schönen Torten sitzen!

An heißen Tagen war mein Lieblingsplatz ein romantischer Springbrunnen. Auf der quadratischen Fläche des Bassins erhob sich eine Säule. Darauf stand (und steht) ein nackter Junge, der einen Schwan umarmt. Aus dessen Schnabel spritzt das Wasser in die Höhe, fällt auf die Plattform zurück und zersprüht in Millionen Tropfen. An den Ecken des Bassins saßen steinerne Tiere, aus deren Mündern ebenfalls ein Wasserstrahl ins Becken rann. Die sind aber – wie so vieles – während der »Rekonstruktion« verschwunden. Ich saß dort manchmal auf einer Schildkröte, einem Frosch oder einem Fisch.

Gern kletterte ich auch auf eine große Kiefer und genoß die Aussicht auf den schönen Park. Mein Cousin Heiner hatte an einem Ast ein Fernrohr befestigt. Von dort hielten wir Ausschau nach der Crossner Bande. Das war vermutlich ein Jungentrupp, der durch die Gegend zog. Angeregt von entsprechenden Büchern, träumte ich von wilden Schlachten mit der Bande. Einmal entdeckte ich durch das Fernrohr ein paar Jungs auf der Wiese und erzählte meinen Schulfreunden in der Stadt, daß es beinahe zu einem Kampf mit der Crossner Bande gekommen wäre. Mein Cousin hätte sie aber mit mir und Freunden vertrieben. Meine Schulfreunde waren zwar beeindruckt, trauten andererseits der Geschichte nicht ganz, weil sie mich für solch eine Aktion einfach als etwas zu friedlich einschätzten.

Die an den Park angrenzende Festwiese bot Platz für ca. 5 000 Menschen, das gesamte Anwesen hatte eine Fläche von 30 000 Quadratmetern. Auf der Wiese, neben Pflaumenbäumen, darunter jene gelbe Sorte, die man in Zwikkau Marunken nennt, stand die sogenannte »Hau ruck!«. In einem großen Metallgestell hing ein Holzbalken, auf den sich etwa ein Dutzend Leute setzten und an einem Metallbügel festhalten konnten. Der Balken schwang, mit entsprechender Kraft angeschoben, ziemlich schnell hin und her. Mir war allerdings eine kleine hölzerne Schaukel lieber, die sommers dort in der Nähe stand. Auf der saß man sich, wie auf Gartenbänken, jeweils zu zweit gegenüber.

Auf der Festwiese stand eine alte Holzscheune, in der es

wunderbar nach frischem Heu duftete. Aus einem Kinderfilm hatten wir uns einen Trick abgeguckt: Wenn wir an einer Schnur zogen, klappte ein loses Brett zur Seite, und wir konnten an der Rückfront in das Gebäude schlüpfen. Natürlich hätte mein Cousin auch den Schlüssel für das Scheunentor holen können, aber es wäre uns doch zu banal gewesen – einfach so durch die Vordertür zu spazieren!

Sommers in diesem schönen Park zu sein, das war für mich schon so etwas wie irgendwo Ferien machen.

Zu DDR-Zeiten wurde am ehemaligen, jetzt zugemauerten Haupteingang in der Leipziger Straße eine Gedenktafel angebracht:

»Dieses Gebäude wurde 1902 erbaut und von 1977–1981 umfassend rekonstruiert.«

Die Schöpfer haben das Eigentor gar nicht bemerkt: in einem Jahr erbaut, in vier Jahren rekonstruiert ...

»In dieser Stätte fanden bedeutende Veranstaltungen der revolutionären Zwickauer Arbeiterbewegung statt. Hier sprachen 1924 Ernst Thälmann, 1946 Otto Grotewohl« ... dann sind einige Zahlen und ein Buchstabe schon abgefallen ... »Wilhelm Pieck«.

Als Wilhelm Pieck in den fünfziger Jahren in der »Neuen Welt« weilte – denn Politiker sind nicht einfach da, sie »weilen« –, konnten meine Verwandten die übertriebenen Sicherheitsvorkehrungen zum Schutz des Politikers aus nächster Nähe erleben. Tage vorher wurden schon die gesamten Räumlichkeiten durchsucht, Türen versiegelt, und Beamte übernachteten im Saal. Das Belegen der Brote beobachtete ein Mann der Sicherheitskräfte argwöhnisch und kostete von der Wurst. Wäre sie vergiftet gewesen, wäre der treue Untertan in der Küche der »Neuen Welt« zu Boden gesunken. Kurios ist, daß der Teller mit den Wurstbroten anschließend lange Zeit unbewacht in der Küche stand.

Ulbrichts Auftritt im Saal im Jahre 1947 wurde auf der DDR-Gedenktafel schon nicht mehr erwähnt. Und so teilt er aus völlig anderen Motiven das Schicksal des Gründers der »Neuen Welt«, dessen Name natürlich auch fehlt.

Fünf Typen von der Straße

Fünf Menschen, die ich nur von der Straße kannte, deren richtige Namen ich nie erfuhr, sind mir aus meiner Kindheit unvergeßlich.

Es waren Originale, über die wir mitunter lachten, die uns aber auch einen seltsamen Respekt einflößten.

Egon lief vor allem in Pölbitz herum. Ein bedauernswertes Geschöpf, der unverständlich und sehr laut sprach. Seine Stimme war schon um die Ecke zu hören, und ich wußte es sofort, wenn er in der Nähe war. Typen wie er ängstigten ein Kind, obwohl sie niemandem etwas zuleide taten. Egon hinkte durch die Gegend, die Arme in seltsamer Haltung, eine Hand war nach unten wie abgeklappt und an den Körper gedrückt.

Einen großen, kräftigen jungen Mann nannten wir »Judewatze«. Warum? Er muß solch einen Ausdruck selbst gebraucht haben. Vieles von dem, was er sagte, war uns unverständlich. Vermutlich war er behindert. Aber woher kannte er das Wort »Jude«? Der junge Mann stammte offensichtlich aus Schlesien. Was hatte er gesehen? Heute erscheint mir der Spruch, den er ständig wiederholte, über den wir Kinder lachten, in einem ganz anderen Licht: »Immer mit dem großen Hammer auf die kleinen Leute Kopf pucha, das tute so weh!« Ich erinnere mich noch, daß ihn einige von uns animierten, diesen Satz zu wiederholen. »Judewatze« sagte ihn immer wieder, verzog nicht das Gesicht, blickte ganz ernst. Ich schwankte zwischen Bedauern, etwas Angst vor einer unberechenbaren Reaktion und der Lustigkeit der Formulierung. Traf ich ihn allein, wich ich ihm aus.

Keiner von uns verfiel damals auf die Idee, er hätte vielleicht tatsächlich gesehen, daß Menschen mit einem großen Hammer erschlagen worden waren. Wir dachten wohl eher an den Kaspar, der auf den Kopf des bösen Teufels einprügelte. Das Böse hatte in unserer Kindheit noch ein konkretes hölzernes Gesicht: das grellrote Antlitz des Puppentheater-Teufels.

Das Leben vom »Kohlen-Schluck« bestand darin, auf den Straßen Kohlenhaufen ausfindig zu machen. Die bei den meisten Menschen ungeliebte Schipperei war seine Chance. Hatte er einen Brikettberg entdeckt, recherchierte er, zu welcher Wohnung der gehörte, und bot seine Dienste an. Ein Leben lang schaufelte er Tag für Tag, und sein Gesichtsfeld war stundenlang von den Abmessungen eines Kellerfensters begrenzt, durch das die Briketts prasselten. Von dem Geld, das »Kohlen-Schluck« verdiente, konnte er dann etwas Ordentliches schlucken. Fest oder flüssig.

Er hatte auch einen sehr eigenwilligen Humor. Einmal fragte ihn jemand: »Was macht denn deine Schwester?«

»Die ist in Berlin.«

»Sag bloß!«

»Ja. An der Uni.«

»An der Uni?«

»Ja. Die sitzt dort in Spiritus.«

Die Zucker-Anna war eine kleine häßliche Frau mit Kopftuch, die mich an die Hexe aus »Hänsel und Gretel« erinnerte. Wer sich von uns Kindern traute, »Zucker-Anna« zu rufen (ich gehörte nicht dazu), mußte schnell losflitzen, denn sie war eine flinke Frau, die sofort unter unsäglichen Beschimpfungen versuchte, den kleinen Schreihals zu erwischen. Sie lebte davon, mit einem Handwagen einen Sack Kohlen auszufahren und die Briketts mit den Händen oder einem kleinen Eimer in den Keller zu bugsieren.

Man erzählte, kurz nach dem Krieg habe sie mit Zucker geschoben, und nun klebte der Spitzname an ihr.

Schnell zu Fuß war auch Fischel-Marie. Sie zeichnete sich zunächst dadurch aus, daß sie ein Mann war! Vor dem Krieg verkaufte er Fischbrötchen mit einem Bauchladen. Damals nahm man es wohl mit den Hygienebestimmungen noch nicht so genau. Fischel-Marie war ein armer Kerl, aber immer lustig. Man hat ihn oft betrunken gemacht. Er galt als Zwickauer Rechenwunder und wäre Jahre später garantiert in Wolframs »Außenseiter-Spitzenreiter«-Sendung gelandet. Gab man ihm eine Aufgabe: »Fischel-Marie, wieviel ist 18 mal 37?«, kniff er ein Auge zu, und nach kurzer Zeit kam das richtige Ergebnis aus seinem zahnlosen Mund.

Fischel-Marie lebte von diversen Gelegenheitsarbeiten. Er strich die Stangen der Verkehrsschilder und die Metallabsperrungen an Kreuzungen, nicht sehr perfekt, denn die Farbe tröpfelte ständig auf den Fußweg. Wenn Fischel-Marie in eine Kneipe kam, wurde mit ihm oft Unsinn angestellt. Die angeheiterten Stammtischbrüder machten sich einen besonderen Jux, wenn sie einen Aschenbecher auf den Boden stellten, den der arme Kerl in der Turnhose dreißig Mal umrundete. Eine tragische Figur lief da für ein Bier über die Dielen.

Dabei war Fischel-Marie tatsächlich ein Laufwunder. Er soll einmal Sachsenmeister im Gehen gewesen sein. Als Legende wurde kolportiert, er wäre 1936 zur Olympiade in Berlin in Ungnade gefallen, weil er das Claire-Waldoff-Lied »Hermann heeßdr!« auf Göring gemünzt an unpassender Stelle gesungen hätte.

Mit chaplinartigen Schuhen und einem Hebammenkoffer in der Hand, dessen Inhalt ich für mein Leben gern gesehen hätte, stürmte der Mann die Leipziger Straße entlang. Sommers im weißen Turnhemd und roter Turnhose. Ab und an wettete er, eine Strecke in einer bestimmten Zeit zu bewältigen. Vorher stärkte er sich dann in der »Wimmer-Bude« in Höhe der Moritzkirche mit einer Fleischbrühe fürn Groschen. Um Fische wettete Fischel-Marie aber nicht. Da ging es immer um Alkohol. Kein Wunder – schließlich wohnte er auch in der Großen Biergasse (die übrigens nicht so lang wie die Kleine Biergasse war!).

Wenn er nachts stark angeheitert nach Hause kam, dann rief das Zwickauer Original durch die stille Nacht: »Der liebe Gott sieht alles! Der liebe Gott sieht alles!«

Womit Fischel-Marie vermutlich bis heute recht hat!

Die Bedrohung

An einem freundlichen, hellen Junitag des Jahres 1953 kam ich mit meinen Freunden Peter, Uwe und Jochen aus der Schule. Die großen Ferien rückten näher, mein drittes Schuljahr war bald zu Ende.

Wir schlenderten über den Zwickauer Poetenweg nach Hause. Plötzlich rief ein Polizist: »Keine Gruppen bilden! Auseinandergehen! Abstand halten!«

Ein Foto unserer verwunderten Gesichter – heute gäbe ich was drum! Wir hatten damals noch viel Respekt vor Polizisten, also gingen Peter, Uwe, Jochen und ich im Abstand von einigen Metern nach Hause. Eine Erklärung für die Anordnung war nicht zur Hand. Wir befolgten sie dennoch, die Uniform war schließlich Erklärung genug.

Am Abend lugte ich durch die Gardine und sah sowjetische Soldaten die Leipziger Straße entlangpatrouillieren. Am nächsten Tag rollten Panzer der Roten Armee durch die Stadt. Die Ketten hinterließen ihre Spuren auf den Pflastersteinen. Die metallenen Ungetüme flößten mir großen Respekt ein. Eine diffuse Angst machte sich breit.

Als wir am nächsten Tag Räuber und Gendarm spielten, fragte ich einen Freund in unserem Versteck, ob er glaube, daß es wieder Krieg gäbe. Und er antwortete mit einem Satz, den er wohl seinen Eltern abgelauscht hatte und der mich gar nicht trösten konnte: »Möglich ist alles.«

Kult

Am Dr.-Friedrichs-Ring wurde Anfang der fünfziger Jahre ein Stalin-Pavillon errichtet, ein heiliger Platz, um den bärtigen Pfeifenraucher zu ehren.

Vom Volksmund wurde der Bau sofort »Stalintempel« getauft. Mit eifernder Agitation war in den volkseigenen Betrieben für diesen mit einem Sowjetstern bekrönten Rotundenbau gesammelt worden.

In dem atheistischen »Tempel« gab es außer einem Bild des großen Führers des Weltproletariats oder vielleicht auch einer Büste – das weiß ich nicht mehr genau – kaum etwas zu sehen. Vielleicht noch ein paar Fotos und Texte über den Aufbau des Kommunismus in der UdSSR. Der Pavillon stand lediglich als Symbol dafür, daß für Zwickau eine Zeit unterm Sowjetstern angebrochen war. Schulklassen wurden in die Rotunde getrieben, und ein paar Rotarmisten himmelten hin und wieder »Väterchen« Stalin an.

Nach meinen Recherchen ist am 17. Juni 1953 hier keine Glasscheibe zu Bruch gegangen. An jenem Tag war es in der Stadt relativ ruhig, denn die Zwickauer Arbeiterschaft war entweder zu parteikonform oder zu desinteressiert an einer Veränderung im Land. Lediglich bei der Belegschaft des Horch-Werkes kam es zu einem verbalen Protest gegen die Arbeitsnormen der Partei. Den Bergarbeitern ging es in der DDR materiell nach dem Krieg besser als vorher, deshalb sahen sie wohl keinen Grund für einen Aufstand.

Nachdem die Stalindenkmäler in der DDR über Nacht verschwunden waren, nannte die Partei das Gebäude fortan Pavillon der Deutsch-Sowjetischen Freundschaft.

An der Stelle des Pavillons befindet sich heute ein Wasserspiel, das über alte Pflastersteine plätschert.

Es sind jene Steine, die 1953 nicht in die Scheiben flogen.

Kartoffelkäfer und Wattfraß

Wir Kinder konnten es natürlich nicht wissen, doch den Älteren war es klar: die Organisation gesellschaftlichen Lebens, die Kampagnen im Osten Deutschlands trugen nach dem Krieg neue Namen, aber vieles wiederholte sich. Die Kommunisten hofften vermutlich, daß sich der gleiche Erfolg, der gleiche Effekt noch einmal einstellen würde. Mein Bruder hatte gerade das Braunhemd der HJ entsorgt, da sollte er ein Blauhemd der FDJ anziehen. Er tat es nicht und bekam Probleme.

Es gab Jungpioniere (früher Jungvolk) und Genossen (früher Parteigenossen), Aufmärsche und Fahnenappelle. Und für die Volkswirtschaft wurden Altstoffe gesammelt wie wenige Jahre zuvor. Für mich war das natürlich alles neu.

Als schlimmster Feind der jungen DDR galt neben den Monopolkapitalisten von Rhein und Ruhr und dem eben noch als Sieger respektierten Amerikaner – also dieser geballten Ladung Kriegstreiber – ein kleines Insekt: der Kartoffelkäfer!

»Seid wachsam!

Vernichtet den Kartoffelkäfer!

Verteidigt den Frieden!

Sichert unseren wirtschaftlichen Aufbau!«

Sie sehen: Frieden und Kartoffelkäfer gehörten zusammen.

Wo kamen die kleinen Krabbeldinger in jenen Sommern her?

Die Partei informierte uns: Gezielte Abwürfe der Amerikaner vom Flugzeug aus! Fünf Jahre zuvor hatten sie uns mit gezielten Bombenabwürfen besiegt – und nun das!

Welche Technik mußten die Amis zur Verfügung haben,

wenn sie aus der Höhe Käfer gezielt auf Kartoffeln werfen konnten!

Damit wollten sie die junge Republik zerstören. Aber der US-Imperialismus hatte nicht mit dem chinesenähnlichen Fleiß der Jungen Pioniere gerechnet. Wie die Bienen schwärmten wir auf den volkseigenen Feldern aus und sammelten die kleinen Viecher in Marmeladengläsern. Mein Freund Rudi hat bis heute noch den mahnenden Satz unseres Klassenlehrers Seidel im Ohr: »Aber vergeßt mir die Deckel nicht!«

Damit solch ein Feind unserer Volkswirtschaft auf keinen Fall entkommen konnte!

Ich war ziemlich enttäuscht, als ich das erste Exemplar in meiner Hand hielt. Der Kartoffelkäfer hatte gar nicht so eine Fratze, wie ich sie auf einem Flugblatt gesehen hatte, jenes feiste Kapitalistengesicht. Wie sich Kommunisten diese Ausbeuter halt vorstellten.

Der Kampf gegen das kleine Tier wurde auf ganzer Front geführt. Selbst auf Postkarten prangte neben der Zwölf-Pfennig-Briefmarke (für solch einen Betrag würde heute die Post eine Karte nicht mal innerhalb des Postamtes von einem Schalter zum nächsten befördern!) ein Sonderstempel: Achtet auf den Kartoffelkäfer!

Wir wuchsen damals mit den Begriffen Agenten, Spione und Saboteure auf. Unentwegt lasen wir in der Presse davon. Eben noch hatte es »Feind hört mit!« geheißen, war das Abhören der Feindsender verboten gewesen. Und nun wurde der Londoner Rundfunk schon wieder als Hort des Bösen angeprangert.

Der kalte Krieg hatte in jenen Jahren seine heiße Phase. Auch in Westeuropa rechnete man mit Veränderungen im Osten Deutschlands und hatte Pläne für den Ernstfall. Für den Fall, daß die Russen über die Grenze nach Westen rükken würden, hatte die Bundesregierung vorsorglich sogar eine »Bundeserbsenreserve« angelegt.

Ein Erbsenmangel hätte die Bundesrepublik jedenfalls nicht zum Scheitern gebracht!

Wenn ich mir heute überlege, was man uns Kindern neben den Käferchen noch alles zumutete – so die Aktion Wattfraß (in der Nazizeit gab es den »Kohlenklau«). Alle Schüler (Mädchen wurden, glaube ich, davon verschont) bekamen bestimmte Straßen zugeteilt, und dann mußten wir am Abend in die Fenster sehen, wieviel Lampen in den Wohnungen brannten. Wenn sie beispielsweise einen Kronleuchter mit sechs Glühbirnen entdeckten, dann klingelten die Jungen Pioniere, die zum Einsatz natürlich das Halstuch tragen mußten, und machten den Wohnungsbesitzer darauf aufmerksam, daß seine Lampe sechs Birnen habe, und fragten, ob er nicht für unsere Volkswirtschaft Energie sparen möchte und zwei, drei Birnen herausdrehen würde.

Ein Schulkamerad von mir bekam von einem energievollen Mieter daraufhin eine Ohrfeige, so daß anschließend, außer den sechs Birnen, auch noch seine Wange glühte!

Läden

In den frühen Jahren der DDR war die über Jahrzehnte gewachsene Infrastruktur Vorkriegsdeutschlands noch intakt. Die Repressalien der Partei richteten sich erst später gegen kleine private Läden, Geschäfte und Gastwirtschaften.

In der Nähe unseres Hauses gab es, als die Versorgung nach dem Krieg wieder einigermaßen funktionierte, alles, was man zum Leben brauchte: den Fleischer, den Bäcker, das »Kolonialwarengeschäft«, die Drogerie, den Milchladen, den Tabakladen, den Friseur ...

Später war es unvorstellbar, daß ich als Kind von meiner Hausecke allein drei Bäckereien und zwei Kneipen gesehen hatte.

Der Fernsehapparat hatte damals noch nicht in die Wohnungen Einzug gehalten. In den Gaststätten herrschte reger Betrieb, man tauschte sich aus: über das Leben, die Arbeit und – vielleicht da und dort etwas vorsichtiger – über die Politik. In unserem Viertel existierten noch alle Kneipen, in denen man auch vor dem Krieg schon Bier gezapft hatte. In unserem Haus die früherere Gaststätte meines Großvaters, unweit die »Altdeutsche Schänke«, »Stadt Leipzig«, die »Hopfenblüte«, »Stadt Kirchberg«, der »Rüdesheimer«, »Zum Römer«, »Stadt Glauchau« und die »Kornblume«. Nicht eine HO-Gaststätte war darunter.

Die »besseren Leute«, eine Formulierung meiner Mutter, die sich aber nur auf die finanzielle Ausstattung dieser Menschen, nicht auf moralische Kriterien gründete, diese betuchten Zwickauer also, verkehrten im »Hotel Wagner«. Es sind noch viele Jahre vergangen, ehe ich dort mein erstes Ragout fin gegessen habe!

Eine besondere Lokalität gab es in den fünfziger Jahren noch im Stadtbild: das Aufklärungslokal der »Nationalen

Front«. Hier wurde aber kein Bier oder gar reiner Wein ausgeschenkt und hier erfuhren auch nicht die kleinen Kinder, wo die kleinen Kinder herkommen, nein, hier klärten die Frauen und Männer der »Nationalen Front« die DDR-Bürger über die allen Menschen Glück bringende Politik der Regierung und der Partei auf. Und vor allem: wie gut es uns allen bald gehen würde.

Aber noch holte ich die Magermilch im Laden von Schäfers. Mit einer Kanne tippelte ich los. Damals lebten einige Leute davon, lediglich Milch, Butter, Quark und Käse zu verkaufen. Die freundlichen Eheleute Schäfer sahen äußerlich wie zwei Laborkräfte aus. Sie trugen immer weiße Kittel. Mit verschieden großen zylinderartigen Schöpfkellen aus Aluminium gossen sie die Milch in Kannen. Vollmilch bekamen nur Bergarbeiter, Babys, Kleinkinder, junge Mütter und Lungenkranke. Alle anderen mußten sich mit der »blauen Milch«, also der Magermilch, begnügen, die heute wieder aus Gewichts- oder Cholesteringründen gekauft wird.

Ich kenne eine Familie, die – in Ermangelung von Bohnerwachs – diese Milch zum Bohnern nahm, weil der Boden anschließend phantastisch glänzte. Auch die Petticoats unter den traumhaft wippenden Mädchenröcken (was für eine herrliche Mode!) wurden mit Magermilch gestärkt!

Butter gab es bei Schäfers vom Block, der aus dem Butterfaß geholt wurde. Weiße und gelbe. Und natürlich auf Marken. Einen überflüssigen Butterberg konnte man sich damals noch nicht vorstellen.

Der kleine Bäckerladen der Ackermanns lag im Souterrain. Meine Mutter erzählte mir, daß es dort in ihrer Kindheit für einen Fünfer einen Mohrenkopf gegeben habe. In meiner Kindheit verkaufte die freundliche Frau Ackermann »schwarze« Semmeln. Die waren nicht schwarz eingekauft, sondern aus Roggenmehl gebacken. Sie half mitunter auch unserer Familie, wenn die Marken nicht reichten. Das erste weiße Brötchen, in das ich biß, war zauberhaft im Geschmack. Es schmeckte mir wie Kuchen.

Gegenüber unserem Haus lag die Fleischerei Bretschneider. Mutter und Tochter verkauften im ewig kalten Laden. Bei Minusgraden waren die Schaufenster bis obenhin gefroren. Wenn die Bretschneiders dann eine Heizsonne hinter den Ladentisch stellten, kam garantiert gerade eine aufmerksame Bürgerin oder ein Bürger in die Fleischerei, die darauf hinweisen, daß das Aufstellen einer Heizsonne verboten sei, weil Energie für die Volkswirtschaft gespart werden müsse.

Unmittelbar nach dem Krieg hatte die Fleischerei nur zwei Tage in der Woche geöffnet. Was sollten sie auch verkaufen? Von gebratenem Blut bis zur Wurst, zu der Flecke, also Innereien der Tiere, mit verarbeitet wurden, war die Spanne des Angebotes nicht sehr groß.

Bis 1958 gab es Fleischmarken. Sie waren meist nach 14 Tagen »abgegessen«. Selbst ein Markknochen zum Anbraten war nicht frei verkäuflich und mußte von den Marken mit abgezogen werden. Der Mangel ging also in jeder Hinsicht in die Knochen.

Halb sechs standen schon die ersten Leute vor der Ladentür der Bretschneiders. Um acht wurde geöffnet. Bis um eins riß die Schlange nicht ab. Wenn ein Uhr geschlossen wurde, warteten die ersten Kaufwilligen schon wieder geduldig vor der Tür bis nachmittags um drei. Schloß der Laden zum Wochenende, war nicht eine Wurstscheibe mehr im Geschäft zu finden. Eine Dekoration der beiden Fenster unterblieb sowieso wegen des Mangels.

Neben dem Haus mit der Fleischerei befand sich ein Textilladen. Martha Drewler, eine wohlbeleibte Frau, verkaufte dort diverse Wäsche. Ich erinnere mich an Berge von Blusen, die ziemlich ungeordnet herumlagen, eher wie in einer Kleidersammelstelle. Sie schien gute Beziehungen zu kleinen Textilfirmen zu haben, dies zeigte ihr reichhaltiges Angebot. Der unkundige Kunde hatte allerdings mit ihr ein Problem. Wehe dem, der nichts kaufte! Der wurde ganz schön »angedäddert«. Schließlich habe sie so schöne Sachen, und wer da nichts finde, gab sie durch die Blume zu verstehen, wäre wohl nicht ganz bei Trost! Sie hat die Leute mitunter sehr genervt. Meine Mutter kam aber mit ihr gut klar und ging wohl auch nur in den Laden, wenn sie wirklich eine Bluse kaufen wollte.

Nebenan war das Zigarettengeschäft Englert. An der Hauswand hing eine schöne alte Glaswerbung für eine Zigarettensorte der zwanziger Jahre. Zwei Herren im Smoking waren darauf zu sehen, einer mit Monokel. Sie rauchten genüßlich SALEM ALEIKUM. Die sozialistische »Freie Presse« attackierte eines Tages die Rudimente kapitalistischer Reklame mit den beiden Vertretern des wohlhabenden Bürgertums am Zigarrenladen von Ewald Englert. Und so mußte die Werbung von der Wand abgenommen werden.

Einen Schuhmacher gab es schräg über die Straße. Er hieß Boris Tarasiuk. Den schwierigen Namen hab ich mir eingeprägt, weil er so fremd klang. Der Schuhmacher sprach mit Akzent und hinkte durch den kleinen Laden, in dem es nach Leder und Schuhcreme roch. Er war wohl ein kriegsversehrter Pole oder Rumäne. Wie mochte der wohl nach Deutschland gekommen sein?

Im Schreibwarengeschäft des freundlichen Ehepaares Grafe kauften wir unsere Stammbuchbilder. Warum die so hießen? Keine Ahnung. Ich kaufte zum Beispiel einen Bogen Blumenbilder oder Autos. Die einzelnen Bildchen waren untereinander mit einem kleinen Papiersteg verbunden. Dort wurden sie mit der Schere abgeschnitten und in ein Heft geklebt. Manche Kinder hatten noch von ihren Eltern oder Großeltern alte Exemplare in Spitzenqualität. Mit diesen Farben konnte der DDR-Druck nicht konkurrieren. Mitunter waren sie reliefartig, und auf der Mütze des Weihnachtsmannes glitzerte »echter« Schnee.

Die Süßwarengeschäfte mit den alten Ladeneinrichtungen mochte ich besonders. Teilweise hing noch ein Duft von längst vergangenen Köstlichkeiten in der Luft wie im Laden von Ziegenbalg am Georgenplatz oder Körner & Lippert in der Bahnhofstraße. In diesem Geschäft stammte das gesamte Mobiliar noch aus der Zeit der Jahrhundertwende. Die bunte Suchard-Uhr, mit einer Schweizer Landschaft darauf, glänzte an der Wand. Überall gähnten einem jedoch die leeren Regale entgegen.

Meine Mutter ging mit mir immer noch zu »Schocken«, obwohl es das Kaufhaus der jüdischen Familie längst nicht mehr gab. Und sie sprach voller Hochachtung davon, was die Kaufhausgründer alles für ihre Mitarbeiter getan hätten.

Über den Geschäften im Zentrum von Zwickau standen zumeist die Namen ihrer Gründer: Mäntel-Meyer und Zigarren-Maethe, Radio-Börner und Schirm-Jacobi, Spielwaren-Stimming und Porzellan-Stich ... Deren Mobiliar stammte aus der »guten alten Zeit«. In den Schuhläden und in den Cafés saß ich auf Original-Thonetstühlen.

Der Inhaber eines Schuhladens in der Nähe unserer Wohnung bekam eines Tages große Probleme. Unentwegt wurde am Anfang der fünfziger Jahre der Kampf gegen »Hamsterer« geführt. Das waren nicht die possierlichen Tiere aus der freien Natur, die sich für den Winter ein kleines Futterlager anlegten, sondern »Schädlinge der Volkswirtschaft«, die die Verteilung unterliefen. Hamstereinkäufe nannte man bei Bürgern der DDR den Tatbestand, daß sie von einer Ware, zumeist Lebensmitteln, mehr gekauft hatten, als sie im Moment verbrauchen konnten. Wo war die Grenze? Was war »hamstern«, was Vorratskauf? In angestrengten Versorgungszeiten konnten in den Augen der Parteifunktionäre mitunter schon drei Tüten Mehl ein Hamsterkauf sein.

Der »Schuh-Hofmann« in der Leipziger Straße wurde eines Tages als »Hamsterbrutstätte« entlarvt. Im Schaufenster stellte man all die Schuhpaare aus, die der Händler dem Verkauf vorenthalten und vermutlich für Tauschgeschäfte oder für noch schlechtere Zeiten im Laden versteckt hatte. Das Schaufenster wurde zum Pranger umfunktioniert. Ein Text berichtete von den »Machenschaften des Besitzers«. Ich habe in Erinnerung, daß sogar ein Foto des Inhabers gezeigt wurde. Ich sah mir den Hamsterer an und dachte, eigentlich sieht dieser Feind unserer Volkswirtschaft wie ein ganz normaler Mensch aus.

Der Eckladen der »Kunz-Mardl« lag meinem elterlichen Haus schräg gegenüber. Auf dem Putz über dem Schaufenster versprachen ehemals schwarze und mit der Zeit verblichene Buchstaben »Kolonialwaren«! Die Geschichte hatte die Schrift längst überholt, und wir lösten inzwischen dort von unseren Lebensmittelkarten die Zuckermarken ein.

Deutschland hatte nicht nur Kolonien verloren.

Martha Kunz betrieb mit ihrem Mann Arno einen echten Tante-Emma- oder besser Tante-Martha-Laden. Und wenn alle Marken schon eingelöst waren, streckte die Kunz-Mardl auch mal vor. Sie half, wo sie konnte. Ihren Mann habe ich als stillen Menschen in Erinnerung, der immer lächelnd neben seiner fröhlichen und gutmütigen Frau stand, die im ganzen Viertel sehr beliebt war. Beide waren kurz vor der Rente. Kinder hatten sie nicht.

Arno Kunz kannte ich nur in Schlips und Kragen. Wenn sein weißer Kittel offenstand, blitzte eine Uhrkette auf der dunklen Weste. Arno stand immer »geschniechelt un gebiecheld« im Laden, sah eher aus wie ein alter Wissenschaftler aus dem Labor von Robert Koch.

Das Geschäft der Kunzes mochte ich sehr, nicht nur, weil die kinderfreundliche »Mardl« meinen Besuch mit einem Griff ins große Bonbonglas belohnte, sondern weil es eben ein echter großer Kaufmannsladen war: mit weißen Porzellanschildern auf dunkelbraunen Schubfächern, Vitrinen mit geschliffenen Glasscheiben. Wenn ich davorstand und etwas hin und her wackelte, wanderten am Schliff kleine Regenbogen mit. Eine Waage mit blank geputzten Messinggewichten thronte auf der Ladentafel. Mit einer nach oben gewölbten handlichen Schaufel wurden Mehl, Zucker oder Erbsen abgefüllt. Die Waage hatte einen Ring, in dem die spitzen Tüten Halt fanden. Da hinein kamen zur Weihnachtszeit die von mir geliebten, sündhaft süßen Fondantkringel.

Das komplette Interieur stammte aus einer Zeit, in der alles noch für die Ewigkeit gemacht schien.

Bei der Kunz-Mardl sah ich auch zum ersten Mal Emailleschilder.

Die Farben darauf wirkten so frisch, als wären die Schilder erst gestern angeschraubt worden. An der Türseite im Ladeninnern waren schmale Schilder aus Werbegründen genau an jener Stelle befestigt, die der Augenhöhe eines durchschnittlichen Sachsen entsprach, und aus praktischen Gründen genau an der Stelle, wo sich die Tür vom vielen Schließen besonders abgriff. Ein kleines Glasschild trug die Aufschrift »Bitte beehren Sie mich bald wieder!«. Das wirkte in Zeiten der armseligen Verteilung besonders anachronistisch. Mancher Ladenbesitzer sagte den Satz immer noch bei der Verabschiedung des Kunden, weil er sich über Jahrzehnte eingeprägt hatte, und manch einer empfand ihn inzwischen im Verhältnis zur Realität nahezu als Hohn.

Das Schild von Kathreiners Malzkaffee bei der Kunz-Mardl paßte am ehesten in die Nachkriegsjahre, und auch Maggi-Suppenwürze fand sich vielleicht noch im Haus, aber das meiste war über Nacht Legende geworden. Wie die Tell-Schokolade aus Dresden, von der meine Mutter schwärmte.

Schokolade war für mich lange Zeit ein Fremdwort. Als ich zum ersten Mal vom westdeutschen Freund meines Bruders ein Stück angeboten bekam, verweigerte ich es, weil ich dem dunklen Zeug nicht traute. Meine Eltern waren gerührt von meiner durch die Umstände erzwungenen Unkenntnis.

Eines Tages sagte meine Mutter, daß die »Kunz-Mardl« gestorben sei. Wenige Tage nach dem Tod seiner Mardl nahm sich der stille und immer verschmitzt lächelnde Arno Kunz das Leben.

*

Gegenüber der »Kunz-Mardl« arbeitete der Friseur Lätzsch. An diesem Eckhaus baumelte an einer Kette die verchromte Rasierschale – das Zunftzeichen der Friseure. Damit wären wir bei einem besonderen Kapitel angelangt. »Kämm dich erst mal!« Diese Aufforderung begleitete mich in meinen Kinderjahren. Das Haar hatte sich auf dem Kopf in ordentlichem Zustand zu befinden. Viele trugen noch einen fein geharkten Scheitel. Die Strähnen durften nicht wirr ins Gesicht hängen. Oder gar in die Stirn! Das verhütete das bestgehaßte Stück dünnes Metall: die Klemme!

Die Klemme war das letzte Symbol deutscher Engstirnigkeit, worunter Kinder zu leiden hatten. Beklemmend.

Der Friseur rangierte damals bei uns Kindern in der Beliebtheitsskala gleich hinter dem Zahnarzt. (Sie hatten ja teilweise noch beide Tätigkeiten ausgeübt. Der Vorgänger vom Friseur Lätzsch, der Barbier Paul Mücke, hatte bis in die dreißiger Jahre in jenem Friseurladen auch Zähne gezogen und sich dann als Dentist niedergelassen.)

Ich fühlte mich der Willkür dieser Art von Barbieren völlig ausgeliefert. Eigene Vorstellungen von Frisuren auszusprechen traute ich mich gar nicht.

Es gab Friseure, die ließen ihren ganzen Lebenszorn an unschuldigen Kindern aus.

»Dobbschnidd« nannten wir die Reste von Haaren auf dem Kopf, so, als hätte man uns einen Topf über den Kopf gestülpt und alles, was darunter hervorschaute, abgesäbelt – ohne Rücksicht auf die Vorstellungen des kleinen, ängstlich dreinblickenden Kunden.

Wagte ein Junge zu sagen: »Bitte nicht so kurz!«, so stellten sich diese Haarschneider taub. Man wurde regelrecht »verhunzt« und wußte, was einem am nächsten Tag an Spott in der Schule blühte.

Der einzige Kundendienst der Haarschneider bestand darin, mit einer Art metallenem Fenstergriff den Sitz zu wenden, damit der neue Kunde nicht das warme Leder des vorher dort Sitzenden spürte oder sich gar auf dessen Haare setzte.

Schwubb und Schwapp spielten eine große Rolle im Friseurleben: schwupp – war der beidseitig gepolsterte Ledersitz gewendet, und Schwapp – das war eine Mengenbezeichnung für einen »Schwapp Haarwasser«, möglichst von Birken gezogen.

»Scharf nachwaschen?« war die übliche Frage vom Friseur an Männer, die sich auch rasieren ließen. Wenn sie dies bejahten, dann schüttete der Barbier wiederum einen Schwapp Rasierwasser in die hohle Hand, um sie dann auf die kinderpopomäßig glattrasierte Haut des Kunden aufzuklatschen. Manch feiste Wange wackelte beim Patsch, Patsch, Patsch. Anschließend wurde mit einem Handtuch Luft auf die brennende Haut gefächelt und das Trinkgeld mit einer kleinen Verbeugung entgegengenommen.

Vielleicht waren manche Friseure auch deshalb auf uns Kinder so sauer, weil sie wußten, daß wir nicht zur Aufbesserung ihres kärglichen Haarschneidersalärs beitrugen.

Wir legten unsere fünfzig Pfennige in den gläsernen Zahlteller, und das war's!

Als Lätzsch den Laden aufgab, jenen mit Marmor zwischen den Waschbecken und dunklem Holz zwischen den hohen Spiegeln, aber letztlich schrecklich düsteren Laden aus der Kaiserzeit, in dem eine 15-Watt-Glühlampe vor sich hin funzelte, übernahm Horst Seifert, ein junger Friseurmeister, das Geschäft und modernisierte es. Horst Seifert und seine Frau Erna waren freundliche und fröhliche Leute. Ich ging als Halbstarker mit einem Programmheft hin. Der Film hieß »Jugendsünde«, und die Frisur des Helden wollte ich haben. Seifert schnitt meine Haare nach dem Titelfoto des jungen französischen Filmschauspielers.

Und diese Frisur hab ich heute noch.

*

Mein Cousin Siegfried Forberger besaß die Mohren-Drogerie. Er hatte sie von seinem Vater Paul übernommen. In der Drogerie kauften im Vorkriegsdeutschland auch jüdische Ärzte vom nahe gelegenen Krankenhaus am Schlobigplatz. Der Geschäftsmann Paul Forberger grüßte ab dem Jahr 1933 nicht mehr zuerst, sondern wartete ab, was ihm entgegenschallte. Bei »Guten Tag« kam von ihm ebenfalls ein »Guten Tag« und bei »Heil Hitler« ein »Heil Hitler«. Der Drogist hatte mit den Nazis nichts im Sinn, aber als Geschäftsmann stellte er sich auf sie ein: »Egal, wer kommt, die Hauptsache ist, sie bringen mir Geld ein.«

Die Lage der Drogerie war gut gewählt: Wenige Schritte entfernt befand sich das beeindruckende »Johannisbad«, es war Anfang des Jahrhunderts errichtet worden. Über einer umlaufenden Galerie fiel das Tageslicht in die Schwimmhalle, jedes Wort schallte dort ganz sonderbar.

Einmal habe ich meinen Vater, der sich gerade abgetrocknet hatte, ins Wasser geschupst. Daß ich so etwas tat, war für mich völlig ungewöhnlich – zumal mein Vater für mich eine Respektsperson war.

Im »Johannisbad« habe ich mich als Schüler freigeschwommen. Wir schwammen abwechselnd vom tiefen ins flache Wasser. Ich gestehe, daß ich mich im Flachen mitunter mit einem Fuß auf dem Boden abstützte, während ich mit den Armen so tat, als ob ich schwimme. Ins Wasser gesprungen bin ich nicht gern. Es war mir etwas unheimlich, für eine Weile nur bedingt den Körper zu steuern. Dieser Absturz ins nasse Nichts, in die Dunkelheit. Und natürlich habe ich dann Wasser geschluckt, dieses eklige Chlorwasser.

Zurück zur »Mohren-Drogerie«. Ich war als Kind gern dort. Neben meinem Cousin stand auch Tante Gretel hinter dem Ladentisch. Manchmal konnte ich von ihr einen Eukalyptusbonbon abstauben. Das war damals schon eine kleine Köstlichkeit!

Das Angebot in der Nachkriegsdrogerie war mehr als bescheiden.

Ich erinnere mich noch an diese gräßliche Tonseife. Der Wascheffekt war ungefähr so, als wollte man sich mit einem Stein die Hände waschen. Es bildete sich einfach kein Schaum. Schrecklich! Unser Haar wuschen wir mit Haarwaschpulver. Man schüttete es auf die – natürlich – nasse Hand, und es klumpte sofort zusammen. Eine unmögliche Zeremonie.

In keinem Haushalt fehlten Franzbranntwein zum Einreiben, »Krügerol« bei Erkältungen, die chinesisch klingenden Hingfong-Tropfen für den Magen und essigsaure Tonerde. Umschläge damit halfen bei allen möglichen Wehwehchen:

wenn sich jemand den Fuß verstaucht hatte oder von einer Biene gestochen worden war. Und vermutlich auch bei Liebesweh! Mein Cousin Siegfried füllte die Flüssigkeit aus einem großen braunen Glas in kleine Flaschen.

Dann gab es »Comanat« für bzw. eher gegen Haarausfall. In Werbeanzeigen sah man den Kopf eines Mannes, bei dem es »obenrum« schon ziemlich böse aussah. Wenn ich mal erwachsen sein würde, so dachte ich damals, wollte ich unbedingt beizeiten »Comanat« nehmen! Andererseits hatten trotz der Existenz von »Comanat« mein Vater und viele andere Männer in Zwickau bedeutende Glatzen. Die Wirkung des Wässerchens schien also nicht umwerfend zu sein. Daneben im Regal stand noch ein Fläschchen mit dem schönen Namen »Exlepäng-Haarpflege«. »Luvos-Heilerde« konnte man essen und trinken und damit auch Umschläge machen – ein Universal-Produkt. Nicht zu vergessen »Zinsser-Perlen« – die waren auch gegen alles gut. Ein Mann mit einem stattlichen Bart zierte die Verpackung. Vermutlich war der auch durch die guten Perlen so hervorragend gewachsen. Ich wunderte mich als Kind über so viel Heil! Heilerde, Heilperlen, Heilkräuter. Wir Kinder kannten natürlich alle den Hitlergruß und scherzten in Anlehnung an die vergangene Zeit: »Heil...kräuter mußt du sammeln!«

»Mux« roch nicht gerade angenehm. Ein Präparat gegen Fliegen. Mittels eines gebogenen Glasröhrchens, in das man kräftig blies, zerstäubte man die Flüssigkeit und sah, wie sich die Fliegen plötzlich zum Todestanz im Kreise drehten. Mir scheint, daß es früher im Sommer generell mehr Fliegen gab, denn oft, wenn die Plage zu groß wurde, hörte ich: »Ich muß heute noch muxen.«

Das Geschenk der frühen fünfziger Jahre war Weihnachten der sogenannte Geschenkkarton. In ihm befanden sich zwei Stück Seife und ein Fläschchen Parfüm oder drei Stück Seife oder zwei Stück Seife und eine Flasche Rasierwasser. Alles vom Feinsten, versteht sich!

Bevor das Geschäft des Jahres anrollte, half ein Freund

meines Cousins in der Drogerie und dekorierte das Schaufenster mit den diversen Geschenkkartons. Ich weiß nicht, ob er eine besondere Begabung dafür hatte. Sein Beruf prädestinierte ihn eigentlich nicht dafür: Er war Sargtischler und hieß Herbert Meier, woraus in Zwickau der Meier-Herb wurde. Ich war einmal in seiner Werkstatt und wunderte mich, daß die Särge ursprünglich alle hell aussahen und natürlich dadurch viel freundlicher wirkten. Er transportierte sie mit einem Tafelwagen durch die Gegend. Wenn der Wagen über die Straßenbahnschienen und das Pflaster holperte, hüpfte der an sich traurige Holzkasten darauf unangemessen fröhlich durch den Tag.

Der Meier-Herb hatte im Krieg ein schreckliches Erlebnis gehabt.

An der Ostfront konnte er nicht mehr vor einem plötzlich auftauchenden sowjetischen Panzer fliehen. Es war Winter gewesen, -40°C, und der Mann warf sich in seiner Todesangst in eine kleine Mulde des tief gefrorenen Bodens. Der Panzer rasselte über ihn hinweg, und der Sargtischler Meier überlebte mit einem Schock. Außer einer körperlichen Verletzung hatte er aus dem Krieg deshalb schreckliche Alpträume mitgebracht und schrie in manchen Nächten das Haus zusammen: »Die Russen kommen! Die Russen kommen!«

Und nun hockte er in meiner Kindheit im Schaufenster der Mohrendrogerie und dekorierte es mit Weihnachtskugeln und Geschenkkartons.

Vaters Arbeit

Mein Großvater war Bäckermeister. Er war kein Mensch großer Gefühle, für ihn gab es nur das Backen. Wenn meine Großmutter ein Kind zur Welt gebracht hatte, sagte er nach drei Tagen: »Na, Hulda, was issn nu, der Laden steht voller Leute!« Und Hulda »huhdschde« ins Geschäft.

In der Backstube lagen immer zwei Fliegenklatschen parat. Nicht nur wegen der Fliegen. Auch wenn von den Kindern die Bleche nicht gut genug geputzt worden waren, patschte es unversehens auf die Haut. Lehrlingen erging es nicht besser.

Eine Straßenecke weiter hatte mein Großvater mütterlicherseits sein Restaurant. Wenn der Bäckermeister am Stammtisch saß, frotzelte ihn der Restaurantbesitzer. »Na, Richard, deine Lehrlinge, die können ja nichts lernen. Wenn ich zur Tür hinausschaue, sehe ich sie nur Briketts schaufeln.«

Alle sechs Kinder meines Großvaters Richard mußten schon früh mit helfen. So hatte er für den kleinen Rücken meines Vaters extra einen Rucksack schneidern lassen, damit Arthur – oder Ardl, wie er von seinen Geschwistern genannt wurde – Brötchen austragen konnte. Der kleine Arthur tippelte sogar im Winter, bevor er zur Schule ging, ein paar Kilometer bis nach Weißenborn. Und schlief deshalb öfters im Unterricht ein.

Als das sauer verdiente Geld zu Inflationszeiten über Nacht wertlos geworden war, klagte meine gutmütige Großmutter: »Wenn ich das gewußt hätte, ich hätte meine Kinder nicht so früh geweckt!«

Mein Vater wurde kein Bäcker. Er besuchte eine Verwaltungsschule in Altenberg und war dann in Zwickau in einer Anwaltskanzlei angestellt. In der Nazizeit arbeitete mein

Vater bei der Deutschen Arbeitsfront und kümmerte sich um die Rechte der Angestellten. Mit vierzig Jahren wurde er noch zur Wehrmacht eingezogen und in der Grundausbildung von einem 19jährigen Unteroffizier schikaniert. Wegen eines Hörschadens kam er glücklicherweise nicht an die Front, sondern in eine Schreibstube.

Als mein Vater abgemagert und zerlumpt aus der Gefangenschaft heimkehrte, spielte ich gerade als zweijähriger Bub im Hof. Oben fragte er meine Mutter: »Is das unser Gleener im Hof?« Er hatte mich wohl nur einmal nach meiner Geburt gesehen.

Meine Mutter erschrak über den Zustand ihres Mannes und versuchte, ihn etwas »offzubäbbeln«. Bloß womit!? Im Jahre 1945! Doch er freute sich schon, daß ihm seine Frau Marmelade und Brot anbieten konnte.

Alle ehemaligen NSDAP-Angehörigen waren damals aufgefordert worden, sich im Rathaus zu melden. Als mein Vater sich in die Schlange einreihte, sagten alte Zwickauer Bekannte: »Arthur, dich kennt niemand in Zwickau, du warst in Dresden – du brauchst hier nicht stehen!«

Mein Vater aber entgegnete: »Ich habe nichts zu verbergen.«

Im Gelände um den Schwanenteich schippte er wie alle ehemaligen Volksgenossen für ein VVN-Denkmal.

Anschließend arbeitete er als Transportarbeiter in der Druckerei Förster & Borries. Mit einem Stundenlohn von 84 Pfennigen mußte er seine vierköpfige Familie ernähren.

Schließlich fand mein Vater eine Anstellung als Buchhalter beim KONSUM. Dieses Wort kannte ich. Ich hatte es schließlich an einigen Läden gelesen. Aber was ein Buchhalter machte, konnte ich mir nicht erklären. Er würde doch nicht Geld dafür bekommen, ein oder mehrere Bücher zu halten? Irgendwie dämmerte mir nur, daß es mit einem Büro zu tun haben müßte.

Das Wort Abwicklung, das 1990 unentwegt in aller Munde war, kenne ich schon aus meinen frühesten Kindheitstagen. Mein Vater war seit 1951 mit Abwicklungsarbeiten beim Konsum beschäftigt. Durch seine Rechtsberater-Tätigkeit verfügte er neben juristischen Grundkenntnissen auch über Erfahrung im Umgang mit Menschen, deshalb führte er hin und wieder den Vorsitz der Konfliktkommission.

Aber nicht alle Konflikte in der frühen DDR kamen vor diese Kommissionen. Eine ganze Reihe wurde nie gelöst ...

Sein Fleiß und seine Genauigkeit brachten ihm in der Buchhaltung Lob und Prämien ein. Er stieg bis zum stellvertretenden Hauptbuchhalter auf. Eines Tages sagte man ihm: »Kollege Lange, wenn Sie in die Partei eintreten, können Sie Hauptbuchhalter werden!«

Mein Vater war schockiert. »Ich habe noch genug damit zu tun, daß ich Mitglied der NSDAP war, und Sie kommen schon mit der nächsten Partei!«

Dann hat man ihm vermutlich erklärt, daß man doch die beiden Parteien nicht vergleichen könne, und sich gewundert, daß es auch NSDAP-Mitglieder gab, die mit ihrer Mitgliedschaft noch persönliche Probleme hatten. »Aber unsre Partei tritt doch für das Glück der Menschen ein!«

Das hatte er auch von seiner geglaubt.

Mein Vater blieb der Stellvertreter. In einer Beurteilung heißt es deshalb: »Gesellschaftspolitisch trat Koll. Lange nicht in Erscheinung.« Er begegnete dem neuen System mit großem Mißtrauen. Er las die »Freie Presse« sehr aufmerksam und wußte, woran er in diesem Land war: »Genosse Hermann Adler, Leiter der SED-Fraktion im Kreistag des Kreises Oelsnitz im Vogtland, vertritt die Auffassung, er habe sich der Partei gegenüber immer seine eigene Meinung bewahrt. Diese Äußerung des Genossen Adler zeigt ganz klar, daß er sich nicht bewußt ist, was es heißt, Mitglied der SED zu sein.«

Zeilen wie diese genügten meinem Vater, um über den Charakter der neuen Partei Bescheid zu wissen. Er suchte nach den Schrecknissen des Krieges einen anderen Halt und fand ihn in der Bibel. Er las sie aber nicht nur, er arbeitete sie durch. Mit Randbemerkungen in seiner sauberen

Buchhalterschrift. Jeden Sonntag ging er in die nahe gelegene Methodistenkirche und fand dort etwas, was ihm neuen Lebensmut gab.

1956 war während der Predigten sein Husten öfter zu hören. Und meine Mutter fragte besorgt, ob er denn nicht Schmerzen habe. Er verneinte, doch das Schlafzimmer roch bald penetrant nach »Krefafin« – einem Buchenteerpräparat. Daß Teer helfen würde, mochte ich nicht glauben, denn ich hatte die Straßenbauarbeiter mit ihrem stinkenden Teerkessel vor Augen.

Es half auch nicht.

Während eines Krankenhausaufenthaltes führte der Arzt bei ihm ohne Narkose eine Bronchoskopie durch. Schließlich entließ sich mein Vater selbst aus dem Krankenhaus, weil die Ärzte keine Therapie wußten, obwohl eine Zeitlang noch von einer Behandlung mit einer Kobaltkanone die Rede gewesen war. Daß es eine Kanone gab, die den Menschen Heilung bringen sollte, war auch wieder ein Fakt, den ich mir schwer erklären konnte.

Als ich an einem Abend am Schreibtisch saß und Schularbeiten machte, wachte mein Vater stark hustend auf. Meine Mutter eilte mit einem Löffel und der Flasche »Krefafin« herbei. Doch zum Schlucken des widerwärtig schmeckenden Hustensaftes kam er nicht mehr. Ein Blutsturz folgte, und mein Vater war tot.

Die Walter-Mädels

Wenn meine Mutter von den Walter-Mädels sprach, so meinte sie die zwei Töchter des Ehepaars Walter, mit denen sie weitläufig verwandt war. Das waren aber keine Mädchen mit den damals üblichen Zöpfen und wippenden Röckchen über den Kniestrümpfen, sondern zwei alte Damen, die dem ehrbaren Schneiderberuf nachgingen.

Ob jemals ein Mann seine Füße über ihre Schwelle gesetzt hat, entzieht sich meiner Kenntnis. Die beiden waren Damenschneiderinnen und sahen durch ihren Beruf ein Leben lang nur weibliche Körper. (Nichts gegen weibliche Körper! Im Gegenteil!) Ich hab sie als ewig lächelnde, freundliche Damen in Erinnerung. Ob das mit ihrem Charakter zu tun hatte oder geschäftsmäßig eingeübt war, läßt sich nicht mehr klären. Die Trauer über den Verlust dessen, was eine Partnerschaft an schönen Dingen mit sich bringt, schien sich bei den Walter-Mädels in Grenzen zu halten. Ob sie jemals einen Kuß unterm Fliederbaum empfingen? Sie haben dieses Geheimnis mit ins Grab genommen.

Die Walter-Mädels huschten lächelnd durch die Wohnung und brachten mir einen Bonbon oder Kekse, während Mutter ein neues Kleid anprobierte. Weil jegliche Süßigkeiten auf meiner Hitliste ganz oben standen, begleitete ich meine Mutter gern in ihre Wohnung, die gleichzeitig Werkstatt war. Eine der grauen huschenden Schneidermäuse schenkte mir einmal ein Buch. Aber ich konnte noch nicht lesen. Das hatte sie nicht gewußt, weil beide natürlich nicht nur mann-, sondern auch kinderlos waren. Und sie amüsierte sich, daß sie sich geirrt hatte, und tröstete mich, daß ich ja zumindest die Bilder ansehen könne.

Ich ging gern durch die Schneiderstube. Die beiden Damen stellten keine Fragen und ließen mich in Ruhe ihre Schneiderutensilien inspizieren. Ich besah mir den holzgefaßten Spiegel, der an der Wand lehnte und vor dem ich meine Faxen machte. Zu Hause hatten wir keinen so großen Spiegel, und bei den Walter-Mädels bekam ich einen 1:1-Eindruck von meiner Erscheinung. Mir gefielen die Stecknadeln mit ihren bunten Kuppen, das rotsamtige Nadelkissen, die großen Scheren und die gelb-schwarzen Maßbänder.

Und diese Knöpfe! Riesige Mantel- und winzige Blusenknöpfe. Mit den Knöpfen durfte ich sogar spielen. Heute weiß ich, daß manche Schnalle und manch leuchtender Knopf von der Jahrhundertwende oder aus den zwanziger Jahren stammte. Die Wohnung selbst war ein Gründerzeit-Museum mit Biedermeier-Stücken. Alles war liebenswert verschnörkelt. Auch die Walter-Mädels.

Kein Zwickauer kennt heute noch die beiden Schneiderinnen, die nahe der Bahnhofstraße wohnten. Es ist, als ob sie nie gelebt hätten. Sie haben keine Spuren hinterlassen. Wo steht heute der schöne Spiegel? Wo stecken die Nadeln mit den bunten Köpfen?

Ich bin wohl der einzige, der manchmal an sie denkt. In meiner Phantasie huschen die freundlichen Damen durch ihre Werkstatt. Meine Mutter, die mir von ihnen erzählen könnte, lebt nicht mehr. Als ich meinen älteren Bruder in Berlin anrief, um ihn zu befragen, hatte er nicht die geringste Erinnerung an die beiden.

Gab es sie nun wirklich, oder bilde ich mir das alles nur ein?

Automobile

Die Autos meiner frühen Kindheit stammten alle aus der Vorkriegszeit. Fahrzeuge der Marken Opel P4, DKW Auto Union, Wanderer, Hannomag rollten über die Straßen. Aus heutiger Sicht tuckerte eine wertvolle Sammlung teurer Oldtimer durch Zwickau.

Schulausflüge unternahmen wir mit der Firma Schütze. Die stellte einen riesigen Lastwagen für uns bereit, auf dem Bänke ohne Lehne befestigt waren. »Faun« hieß der Vierachser, und alle Kinder sagten, daß der Wagen einen Panzermotor habe. Ob es stimmte oder nicht – es machte das Auto besonders interessant.

Leise rollte das Postauto vorbei. Man konnte unter dem Auto sogar die Kette sehen, die von einem Elektromotor angetrieben wurde. Ein da und dort auftauchendes Lieferfahrzeug auf drei Rädern verfügte ebenfalls über einen Kettenantrieb. Der Volksmund nannte das Gefährt »Dreikantfeile«.

Im Taxi saßen sich die Fahrgäste noch manchmal gegenüber, und zum Fahrer gab es ein Schiebefenster, das beim Bezahlen zur Seite geschoben wurde. Taxis kennzeichnete eine schwarz-weiße Farbbanderole auf der Karosse, später dann ein durchgehend weißes Band. Ich bin mit meinen Eltern nicht ein einziges Mal Taxi gefahren. Die erste Taxifahrt verdanke ich meinem Freund Peter Müller. Sein Stiefvater fuhr solch eine Kraftdroschke. Er gabelte uns unterwegs einmal auf und setzte uns zu Hause ab – ein Erlebnis!

Statt der Blinker gab es an den Autos noch Winker. Links oder rechts schnappte der Richtungsanzeiger aus der Karosse. Nachts leuchtete der Streifen rot oder orange.

Tankstellen waren mit Handpumpen ausgerüstet. Ich sah im Glaszylinder das Benzin während des Pumpvorgangs aufschäumen.

Zwickau war für seinen Automobilbau berühmt gewesen. August Horch hatte 1904 die erste Fabrik gegründet. Er kaufte eine leerstehende Spinnerei und begann mit der Produktion. 1909 war er nach verschiedenen Querelen mit dem Aufsichtsrat des Horch-Werkes ausgeschieden und gründete im November 1910 ein weiteres Autowerk. Wer weiß schon im Westen Deutschlands, daß Audi in Zwickau – also im Osten! – geboren wurde? Bevor Horch das Konkurrenzwerk eröffnete, rätselte er lange über einen Namen. Einmal saß er bei der Familie Fikentscher. Der Sohn machte Schularbeiten und hatte die Suche nach einem Namen der Firma mit verfolgt. Plötzlich platzte er heraus: »Audi atur et altera pers! Wäre es nicht richtig, anstatt Horch Audi zu sagen!?« Das war die Geburtsstunde von Audi.

Am Steuer der Zwickauer Rennwagen saßen in den zwanziger und dreißiger Jahren bedeutende Fahrer wie Hans Stuck oder Bernd Rosemeyer, der 1938 tödlich verunglückte. Nach ihm erhielt ich meinen ersten Vornamen, denn die beiden international bekannten Rennfahrer kehrten bei ihren Zwickau-Besuchen manchmal im »Fürst Bismarck«, dem Restaurant meines Großvaters, ein. Dort lernten meine Eltern die sympathischen Männer kennen.

Ein paar der legendären Horch-Wagen rollten noch in meinen Kindheitstagen durch Zwickau, und jeder Junge in der Stadt kannte den Spruch: »HORCH, da kommt ein AUDI!«

Der Name Horch machte 1950 noch einmal Schlagzeilen: Die BSG Horch wurde der 1. DDR-Fußballmeister!

Ein neuer PKW verließ das IFA Werk Horch 1956: der P 240 »Sachsenring«, eine Sechszylinder-Limousine mit 80 PS. Das Auto wurde in Handarbeit gefertigt. Das alte Initial »H« befand sich am Front- und Heckteil. Die Wagen wurden vorwiegend an Funktionäre, Professoren und Künstler geliefert.

Als wir den Wagen sahen, dachten wir, ein West-Auto rolle über die Straßen. Aber nicht nur wir Kinder staunten. Auf der Kofferklappe einiger Fahrzeuge hat man deshalb den Schriftzug »Ein Horch aus Zwickau« angebracht, weil die Leute nicht glauben wollten, daß es sich um einen Wagen aus DDR-Produktion handelte.

Das Audi-Werk kooperierte anfangs noch mit Unternehmen in Westdeutschland, doch als Blechlieferungen ausblieben, befahl die Partei: »Störfrei machen!« So konzentrierte man sich auf die Entwicklung von Karosserieteilen aus Kunststoff, und schließlich rollte 1955 der erste »P 70« durch die Stadt.

Am 1. Mai 1958 wurden die beiden Betriebe Audi und Horch zum VEB Sachsenring zusammengelegt. Vor dem »Sachsenring«, dem ersten »Straßenkreuzer der DDR«, hatten wir Kinder ja noch Respekt gehabt, aber über den P 70 mit seiner Kunststoffkarosse lachten wir nur: »Pappsiebzig« taufte ihn der Volksmund. Seine ebenfalls sehr schlichte Weiterentwicklung, der »Trabant«, hat viele DDR-Bürger dann tatsächlich zeit ihres Lebens begleitet.

Natürlich gab es auch im Sachsenring-Werk findige Ingenieure und Konstrukteure. So hatten sie schon Anfang der sechziger Jahre einen Wagen mit Fließheck entwickelt – noch vor Renault. Die Versuchsmodelle rollten durch Zwickau, doch die Pläne verschwanden in der Schublade, denn die Parteiführung in Berlin bestätigte sie nicht. Sie hat auch die Produktion eines Kabinenrollers verhindert. Solche Überlegungen waren ihr vermutlich zu »westlich«.

Jungenträume in Sachen Auto kannten in jenen Jahren natürlich keine Grenzen. Wir schrieben Autofirmen an und baten um Prospekte. Und sie haben uns tatsächlich ihre bunten attraktiven Werbehefte geschickt. War gar noch eine Anstecknadel von »MAICO«, »BORGWARD« oder »OPEL« in die Titelseite des Heftes gespickt – dann war das Glück vollkommen!

Mein Schulkamerad Ralf Schönhofer ging auf Nummer Sicher und fügte auf den Postkarten(!) nach Westdeutschland vor seinem Namen ein Dipl.-Ing. hinzu! Er hatte eine schöne Schrift, die durchaus einem Älteren hätte gehören können, und man hat ihm den Titel wohl zugetraut.

Eines Tages klingelte bei uns die Postfrau. Damals wurde die Post noch zweimal am Tag durch den Briefschlitz in der Tür geworfen und lag dann auf dem Linoleum des Korridors. Sie überreichte mir eine Sendung, die wegen des großen Formats nicht durch die Öffnung paßte. Ein Prospekt von »BUICK« aus Chicago. Da staunte meine ganze Klasse! »BUICK«! Chicago! Die bunten Straßenkreuzer waren »einsame Sahne«, wie wir damals sagten. Technische Details interessierten mich nicht, mir ging es vor allem um die schönen Formen und Farben.

Irgendwann bekam unser Klassenlehrer unsere Prospekte-Sammelwut mit und forderte uns auf, nicht nur kapitalistische, sondern auch sozialistische Autofirmen um Werbematerial zu bitten. Irgend jemand schrieb an »SKODA« und bekam einen dürftigen schwarz-weißen Prospekt. Wir lächelten darüber wie über den »Babbsiebzich«.

Unser kindliches Lieblingsgefährt war allerdings weder »BMW Isetta« noch »Buick«, das war – die selbst gebaute Kugellagerkutsche! Man brauchte nur vier Kugellager und ein paar Bretter. Manche jener Gefährte waren sogar lenkbar! An der Vorderachse wurde eine Schnur befestigt, die der Fahrer nach rechts oder links ziehen konnte. Der »Motor« bestand aus einem Jungen, der mit einer Latte die Kutsche auf der Asphaltstraße vor sich herschob. Und wenn der Junge ordentlich rannte – dann bekam man einen ganz schönen »Zahn« drauf!

Die Straßenbahn

Mit den Geräuschen der Straßenbahn bin ich groß geworden. An unserem Haus in der Leipziger Straße fuhren die Bahnen der Linie 4 vorüber, vom Krankenhaus nach Pölbitz und zurück.

Schaffner in der Straßenbahn zu werden – das war der Traum vieler Kinder. Doch als ich erwachsen war, gab es diesen Beruf schon nicht mehr. Wir Kinder liebten vor allem dieses herrliche Gerät mit den verchromten Metallröhrchen, in die – wie bei einer Sparbüchse – durch einen Schlitz die Münzen gesteckt wurden.

Wie hieß dieses Gerät? Ich fragte verschiedene Leute. Keiner wußte es. Jeder erzählte mir, wie es ihm gefallen habe und wie es aussah. Das wußte ich alles auch, aber wie hieß es?

Ein Fachmann der Leipziger Verkehrsbetriebe konnte mir schließlich helfen. Es hat einen tollen Namen: Galopp-Wechsler. Man konnte quasi im Galopp das Geld wechseln. Seit 1926 hing das blank geputzte Lieblingsgerät vieler Kinder auf der Schaffnerbrust über der schwarzen Ledertasche. Und heute sind auf den Flohmärkten tolle Preise damit zu erzielen!

Besonders freundliche Schaffner beugten sich herunter und gestatteten den strahlenden Kindern, selbst die Pfennige, Fünfer und Groschen in den entsprechenden Schlitz zu stecken.

Die Fahrscheine wurden mit dem Daumen, über den ein aufgerauhter Gummi gezogen war, von einem Block abgerissen. Papiergeld und Fahrscheine holten die Schaffner aus jener Tasche mit dem Messingbügel. Die Münzen verließen auf Daumendruck durch einen Federmechanismus Stück für Stück das entsprechende Geldröhrchen.

»Noch jemand ohne Fahrschein!?« – hieß nach dem Abkassieren die übliche Kontrollfrage. Zwar hatte die Frau oder der Mann in der dunkelblauen Uniform schon die neu eingestiegenen Fahrgäste im Blick, aber es konnte ja sein, vor allem in Zeiten, in denen die Bahn überfüllt war, daß ihnen mal einer »dorch die Labbn gegang war«. Deshalb gab es auch Kontrollen. Ich hörte eine Anekdote von solch einem Zwickauer Kontrolleur. Der Mann bittet um die Fahrscheine. Ein Fahrgast hat gedankenlos mit seinem Schein gespielt, vielleicht war er besonders nervös. Solche Menschen gab es auch schon vor fünfzig bis achtzig Jahren, kurzum, der Mann hatte den Schein zu einem kleinen Kügelchen zusammengeknüllt. Etwas verlegen reichte er das dem Kontrolleur. Der war natürlich leicht sauer. Immerhin ist der Fahrschein ein Dokument, und diese Verhaltensweise stößt einem deutschen Schaffner schon unangenehm auf. Er entrollte also vorsichtig den Schein und strich die Knitter aus dem Papier. Dann gab er ihn dem Mann zurück, und nun zeigte sich der sächsische Schaffner, denn er meinte mit jenem besonderen Humor: »Zesammgnaudschn duhn Se sich'n woh widder alleene!«

Jeder Fahrschein wurde mit der Knipszange gelocht. Ein linsengroßes Papierstückchen segelte auf den Boden, und ich mußte immer an Konfetti in der Faschingszeit denken.

Für die Standfestigkeit der Fahrgäste wurde einiges getan. An einer Holzstange baumelten lederne Schlingen, die man zu sich ziehen konnte. Es gab aber auch stationäre Griffe.

Der Straßenbahnfahrer fuhr nur auf das entsprechende Signal des Schaffners ab. Der zog, nachdem er sich vergewissert hatte, daß niemand mehr ein- oder ausstieg, an der ledernen Klingelleine, und nach diesem Signal setzte sich die Bahn in Bewegung.

Die Erwachsenen fuhren mit der »Elektrischen«. Wir größeren Kinder indes nahmen die »Bimmel« und blieben meist auf der Plattform. Der Fahrer stand damals noch während der Fahrt, und wenn ein Pferdefuhrwerk ewig nicht von den Schienen wollte, dann erklang durch seinen ständig wiederholten Tritt auf die Fußglocke das legendäre »Bimmbimm«. Endlich merkte der Kutscher, was die Glocke geschlagen hatte, er lenkte das Gespann nach rechts und wurde vom Fahrer mit einem »So 'ne Drahnduhe!« bedacht.

Es gibt auch eine Geschichte, in der ein Fahrer wild mit dem rechten Fuß bimmelte, aber kein Fuhrwerk auf den Schienen stand. Es stellte sich dann heraus, daß es ihn lediglich an der Fußsohle gejuckt hatte.

Wenn wir auf der Plattform standen, die durch eine Tür vom Wagen abgetrennt war, benutzte der Schaffner, vor allem im Winter, um nicht dauernd kalte Luft ins Wageninnere zu lassen, eine kleine Metallklappe in der Tür zum Kassieren: »Hier draußen noch jemand ohne Fahrschein?« In eine Vertiefung der Klappe legten wir das Geld und bekamen dort ebenfalls Fahrschein und Wechselgeld zurück. Allerdings hatte der Schaffner durch die kleine Luke nur ein begrenztes Sichtfeld. Drückte sich ein Kind in die Ecke, entdeckte er den kleinen Schwarzfahrer nicht. Und zwanzig Pfennige waren für uns schon ein kleines Sümmchen. Immerhin konnte man dafür, wenn man noch einen Fünfer drauflegte, ins Kino gehen!

Ob ich in der Straßenbahn auch einmal schwarzgefahren bin?

Ich kann mich nicht erinnern – so gut, wie ich erzogen war, habe ich es mir vermutlich nicht getraut.

Andererseits ging ich sehr gern ins Kino …

Sommer

Der Sommer begann nach dem ersten Gewitter. Dann liefen wir barfuß umher. Das war so üblich. Vermutlich stammte diese Sitte aus früheren Zeiten: endlich war der Tag gekommen, um das einzige Paar Schuhe zu schonen. Wenn ich mir heute vorstelle, daß wir damals tatsächlich auch auf der Straße barfuß liefen – in all dem Dreck! Die schwarzen Fußsohlen sehe ich noch vor mir.

Im Sommer schrillte manchmal eine Trillerpfeife auf der Straße. »Der Eismann ist da!« Er hatte eine knöchellange Gummischürze umhängen und schlug von dem weißen Riegel mit dem Eispickel entsprechende Stücke nach Wunsch ab. Die stellte er in die Eimer der Hausfrauen, die im Hochsommer schnell eine Schlange gebildet hatten. Sie legten das Stück in der Küche in den Eisschrank. Dort wurden Butter und Wurst gekühlt. Wenn der Eismann auf den Riegel einhackte, spritzten Teilchen durch die Gegend. Manches Kind steckte sich dann so ein Stück in den Mund und lutschte es. Die kleinen Reste auf der Straße tauten schnell in der sommerlichen Hitze und hinterließen winzige Pfützen. Manchmal wurde der Eiswagen noch von Pferden gezogen. Ältere Leute nannten den Kutscher »Rosselenker«. Und wir hörten mitten in der Großstadt neben Straßenbahngebimmel und Autohupen den Peitschenknall.

Wenn wir erhitzt vom Spielen in die Wohnung kamen, dann wartete dort zum Löschen des Durstes weder Fruchtsaft noch Limonade auf uns, sondern kalter Malzkaffee oder Tee.

Diese Getränke nahmen wir auch in einer Flasche ins Freibad mit. Auf dem Weg ins 04-Bad, benannt nach dem Schwimmverein, der in jenem Jahr gegründet worden war, pflückten wir Kletten vom Strauch. Auf unseren schmalen Schultern beförderten wir uns zum Unteroffizier oder Leutnant und degradierten die Spielkameraden zu einfachen Soldaten. Mit Leidenschaft warfen wir einander die Kletten an Brust oder Rücken, wo sie sofort haftenblieben. Mitunter zielten Jungs auch auf die Haare. Vor allem bei Mädchen. Das war gemein, weil die Kletten schwer zu entfernen waren!

Sommer bedeutete vor allem sonntägliche Wanderungen mit meinen Eltern oder dem befreundeten Ehepaar Meinhold durch den Weißenborner Wald. Manchmal war ich auch mit meinem Vater allein unterwegs, weil meine Mutter in der »Neuen Welt« arbeitete. Worüber habe ich mit meinem Vater gesprochen? Als ich zehn Jahre alt war, war mein Vater 52. Was war Gesprächsstoff für seinen »Nachzügler«?

Wenn Meinholds mit von der Partie waren, freute ich mich, weil die gleichaltrige Bärbel dabei war, mit der ich mich gut verstand. Gern kehrten wir immer wieder bei »Meinhardts« ein. Das Lokal hieß und heißt eigentlich »Waldschänke«. Es ist das einzige, das noch so eingerichtet ist, wie ich es aus Kindertagen kenne. Die Bleiglasfenster im Anbau, die Holztäfelung, die dunklen Holzstühle – alles ist noch am Ort, und es gibt keinen Zwickau-Besuch, an dem ich nicht in diesem gastlichen Haus einkehre.

*

Wald liebe ich seit meiner frühesten Kindheit. Der weiche Boden, der federnde Nadelteppich, das Rauschen der Wipfel, dieser würzige Duft. Ich stellte mir Riesen vor, die tatsächlich Bäume ausreißen konnten, und spürte meine Kraftlosigkeit, wenn ich nur an einem Stämmchen zog. Die knorrigen Wurzeln der alten Bäume sahen aus wie die Krampfadern eines Riesen. Manchmal trieb der Wind dürres Laub durch den Wald. Die Blätter huschten wie Mäuse über den Boden. Ich blieb an Erdlöchern stehen, hoffte, daß sich ein Tier zeigen würde, dessen Behausung dort war, sah die Zeichnungen in Märchenbüchern vor mir, wie sich eine Tierfamilie in solchem Erdloch mit kleinen Möbeln eingerichtet hatte. Moos gefiel mir besonders, dieses weiche grüne Etwas. Ich besaß ein Messer in einer filzigen Hülle, die mit einem silbernen Soldatenknopf verschlossen wurde. Mit diesem Messer schnitt ich ein Stück Moos aus und nahm es mit nach Hause, spielte damit, stellte Indianer- und Trapperfiguren darauf. Aber fern seiner natürlichen Umgebung hielt sich das Moos nicht lange, und ich sah traurig, wie es welkte.

Hörte man die Rufe des Kuckucks durch den Wald schallen, sagte meine Mutter lächelnd zu meinem Vater: »Klopf auf dein Portemonnaie!« Das war so ein Aberglaube, daß sich dadurch das Geld vermehre. Alles Klopfen meines Vaters hat aber nichts genützt!

»Fernblick«, »Wallrath's Gasthof« und die »Dänkritzer Schmiede« sind Namen aus Kindertagen, an die ich mich wegen ihrer schönen Bier- und Kaffeegärten gern erinnere. Die Landschaft um Zwickau ist ja – so nahe dem Erzgebirge und dem Vogtland – von besonderem Reiz.

In einem Sommer fuhren mein Vater und ich mit dem Bus ins nahe gelegene Hartenstein; er wollte mir die Prinzenhöhle zeigen. In jener Höhle hielt der Ritter Kunz von Kaufungen die beiden Prinzen Ernst und Albert versteckt. Er hatte die Kinder aus dem Altenburger Schloß geraubt und als Geiseln genommen. 1455 rächte er sich auf diese Weise, da der Kurfürst ihn betrogen und das Hofgericht ihn verhöhnt hatte. Die Prinzenhöhle ist ein etwa 20 Meter tiefer Stollen. Der Ritter Kunz kannte sich in der Gegend gut aus, er hatte jahrelang auf der nahe gelegenen Burg Stein gelebt. Der Besuch war für mich eine aufregende Sache, die nur dadurch geschmälert wurde, daß in der Höhle nichts mehr an den Aufenthalt des Räubers und der Prinzen erinnerte.

Aber wenn ich die Geschichte aus heutiger Sicht betrachte, so kommt dabei vielleicht heraus, daß mit Kunz von Kaufungen ein Sachse auch noch das Kidnapping erfunden hat ...!?

Das Astloch

Eines Tages erzählte mir ein Schulfreund, daß es über der Mulde eine Gartenanlage mit dem Namen »Naturheilverein« gebe. Das Besondere an diesem Verein war ein bretterumzäuntes Luftbad. Daß man auch in der Luft baden kann, war mir neu. Entstanden war diese Liegewiese nach dem Ersten Weltkrieg im Zuge der Freikörperkultur, die sich in den zwanziger Jahren in Deutschland ausbreitete. Dort würden, so erzählte uns ein Spielkamerad, tatsächlich unbekleidete Frauen auf der Wiese herumliegen! Unglaublich!

Wir wollten die aufregende Tatsache sofort überprüfen und jene paradiesischen Zustände selbst in Augenschein nehmen. Kein Zaun, der nicht eine Ritze oder ein Astloch hat! Und wirklich: der Junge hatte nicht gelogen – da lagen sie oder gingen gerade über die Wiese, Frauen, an denen kein Stückchen Stoff etwas verhüllte. Ich war überrascht von der vielen weißen oder braunen Haut, die es auch beim anderen Geschlecht gab. Mit staunenden Augen widmeten wir uns vor allem den kleinen und großen Brüsten. So sah das also plastisch hinter den gewölbten Stoffhügeln aus! Da und dort streckte oder rekelte sich gerade jemand. Wir erkannten eine Frau aus unserem Wohnviertel, deren ausladende Brüste uns schon im verhüllten Zustand aufgefallen waren. Das war Aufregung pur, dieses schöne nackte Fleisch auf grüner Wiese. Mit Verwunderung registrierte ich mein etwas schneller klopfendes Herz.

Als ich Tage später der Frau aus meinem Viertel auf der Straße begegnete, höflich grüßte und dabei eine leichte Verlegenheit spürte, da habe ich diese Frau im sommerlichen Kleid mit dem Astloch-Auge gesehen.

Rummel

Fast jeder Ort hat für die alljährliche Versammlung von Schaugeschäften einen eigenen Namen. Was in Leipzig die »Kleinmesse«, ist in Zwickau der »Rummel«. Ich wohnte nicht weit von jenem Platz, und bei gutem Wind drangen ein paar Takte Musik oder das Aufheulen einer Karussellsirene bis an unsere Fenster. Meine Mutter nannte den Platz, auf dem das bunte Leben stattfand, den »Schießanger«, weil das einzige Haus, das dort stand, früher das Schützenhaus gewesen war. Nach dem Krieg diente es als Klub der sowjetischen Armee.

Auf dem »Schießanger« also drehten sich in meiner Kindheit verlockende Karussells, für die meine Mutter den Begriff »Reitschulen« verwendete. Dieses Wort war aus ihrer Kindheit haftengeblieben. Sie war Kind noch unterm Kaiser, immer gleichaltrig mit dem 04-Bad, dem größten Zwickauer Freibad. Offiziell hieß die schöne Anlage inzwischen »Volksbad«, aber das sagte in Zwickau kein Mensch. Wir Kinder gingen nur in die »Nulle.«

Viele Schaugeschäfte der Vorkriegszeit hatten sich in die fünfziger Jahre gerettet. Zum Beispiel die »Walzerfahrt zum Mond«. Während die Mädchen in den Wagen kreischten, drehte sich in der Mitte lautlos ein gipsernes, festlich gekleidetes UFA-Paar. In akkurater Walzerhaltung. Das drehte sich noch genauso, als aus dem Lautsprecher Rock'n'Roll-Musik dröhnte.

Was gab es noch auf dem »Rummel«?

Richtiges Kasperletheater. Was haben wir geschrien, versucht, unsere Lieblingspuppe zu warnen, wenn hinter ihr der Teufel oder das Krokodil auftauchten. »Paß auf! Paß auf! Hinter dir!« Und Kasperle, das dumme Kasperle guckte doch immer in die falsche Richtung. Aber zum

Schluß ging die Sache Gott sei Dank jedes Mal gut aus. Auch für Seppl und Gretel.

Am Riesenrad standen immer Kinder, die darauf warteten, umsonst zu fahren. Manchmal wurden Kinder zum Auffüllen der Gondeln gebraucht, damit die Gewichtsverhältnisse stimmten. Mir gefiel am Riesenrad am meisten das Orchestrion, dessen schnarrende Musik, wozu eine Dirigentenfigur mit dem rechten Arm in zackigen Bewegungen den Takt angab.

Das Kettenkarussell zählte nicht zu meinen Favoriten. Vielleicht traute ich den Ketten nicht oder hatte Angst, daß sich die Halterung lösen und ich den Kreis tangential verlassen könnte ... Auch die Kahnschaukel mit Überschlag hat mich nie in einer ihrer kleinen Wannen gesehen. Nichts gegen eine milde Schaukelei, aber mit dem Kopf nach unten – nein, danke, da sah ich lieber zu, während ich Zukkerwatte, das süße Nichts, in meinen Mund stopfte. Gern betrachtete ich auch die Farbspiralen der Eismaschinen, die sich während des Rührens unendlich nach außen oder innen drehten.

Die Geisterbahn schreckte mich nicht, weder ein angeleuchtetes Gerippe noch der Lappen, der einem bei der Fahrt über das Gesicht wischte, machten mir Angst. (Daß so etwas von der Hygiene überhaupt abgenommen wurde!?)

Erinnerlich ist mir das aufregende Spiegellabyrinth, wo man sich den Kopf stoßen konnte, wenn man dachte, durch diese Tür geht's weiter. An einer bestimmten Stelle wurde vom Boden her Luft eingeblasen, und die Röcke wirbelten in die Höhe. Dort hielten wir Jungs uns besonders gern auf.

In einem der Räume mit konkaven und konvexen Spiegeln erschienen Dicke dünn und Dünne dick – ein jeder amüsierte sich über die verunstaltete Figur des anderen.

Hundetheater gab es, wo diverse Hunde mit Röckchen und Jacketts ausstaffiert waren und verkitscht in Braut- und Bräutigam-Ausstattung zur Hundehochzeit aufmarschieren mußten.

Und kein »Rummel« ohne Liliputaner! Wo sind die eigentlich geblieben? Wieso sieht man keine mehr? Heute nennt man diese Menschen Kleinwüchsige und hat sie damit aus dem Märchen in die Realität geholt. Es gab auch kaum einen Zirkus, in dem diese Menschen nicht auftraten. Mir taten sie immer leid, wenn sie als Clowns durch die Manege stolperten. Ich konnte darüber einfach nicht lachen.

Und auch Frauen ohne Unterleib scheint es am Ende des Jahrhunderts nicht mehr zu geben. In meinen Kindheitsjahren warben sie auf einem Podest vor dem entsprechenden Zelt für die nächste Vorstellung.

Die Raupe war ein besonders beliebtes Fahrgeschäft. Die Wagen rollten hoch und runter wie bei der »Fahrt ins Blaue«, aber auf den Ton einer Sirene klappte ein Verdeck über die Sitze, und dann ließ sich im Dunkeln gut munkeln.

Es gab eine ausgepolsterte Tonne, die sich drehte. Wer gut im Schritt blieb, konnte wie die berühmte weiße Maus die Tour wohlbehalten überstehen. Aber wehe, man kam außer Tritt, dann purzelte man für die restliche Zeit durch die Gegend und fand nicht wieder auf die Beine! Wie im wirklichen Leben.

Von allen Karussells beeindruckte mich am meisten das »Taifunrad«, ein mit Parkett belegter Kreis von einigen Metern Durchmesser. Nach einem akustischen Signal stürmten wir zwischen Mut und Ängstlichkeit schwankenden Helden auf diese Fläche, die sich langsam zu drehen begann. Wer nicht im schnellen Spurt die Mitte erreichte, hatte keine Chance. Unerbittlich fegte die Zentrifugalkraft alle Schwächlinge hinweg! Wir wirbelten durcheinander und landeten an der gepolsterten Umrandung. An vielen Stellen war das Leder von der Wucht des Aufpralls in hellbraunen Linien aufgebrochen. Das Rad drehte sich, bis nur noch einer in der Mitte hockte. Genau dort, wo man den Zirkel einstechen würde. Dann schwebte von oben an einer Schnur ein schon etwas ramponierter großer Teddybär herab und tippste dem Helden dreimal auf den Kopf. Überstand er diese drei Berührungen, war er Sieger. Eine Hupe ertönte, das Rad drehte aus. Der kleine Kämpfer verließ es nicht gerade gravitätischen Ganges. Der Taifun saß ihm noch in den Knochen.

Als Preis erhielt der geschwächte Sieger eine kalte Bockwurst, die er meist sofort aß. Eine Bockwurst galt etwas in jener Zeit, als der Zwickauer »Schießanger« Stalinplatz hieß.

Als ich so acht, neun Jahre alt war, hatte ich zum Geburtstag von einer Patentante fünf Mark geschenkt bekommen. Eine Wahnsinnssumme für mich. Ein braungrüner Schein. Einen blauen Fünfzig-Pfennig-Schein besaß ich zudem, und mit dem Geld besuchte ich mit einem Freund all die beschriebenen Fahrgeschäfte, das Kasperletheater und die Eisbuden vom Mittag bis zum Abend. Ich vergaß alles. Eltern, Zeit und Raum. Die Riesensumme schmolz dahin, da ich in Geberlaune meinem finanzschwachen Freund dies und jenes spendierte.

Als wir auch noch die letzte Vorstellung im Kasperletheater gesehen hatten, stellte sich plötzlich die Erinnerung an Zuhause wieder ein, und das Eis schmeckte gar nicht mehr so süß. Es war gegen 21.00 Uhr, als ich die Hölderlinstraße entlangschlich und mein Vater mir voller Zorn entgegenkam. Dieser Zorn mischte sich garantiert mit großer Sorge, da er mich mit meiner Mutter schon überall gesucht hatte. An jenem Abend bekam ich das einzige Mal in meinem Leben von ihm eine »geschwalbt«.

Ich saß in meinem Zimmer, denn mein nächstes Problem war, daß in meiner Tasche nur noch zwei kleine Alu-Münzen klimperten. Wie sollte ich meinen Eltern erklären, daß mein Vermögen auf dem Stalinplatz geblieben war!?

Meinen Fünf-Mark-Schein hatte ich in einer kleinen goldenen, reliefartig verzierten Schatulle aufbewahrt, zu der ein winziger Schlüssel mit einem Löwenkopf gehörte. Sie war innen – ganz nobel – mit rotem Samt ausgeschlagen. Ich klappte sie auf. Leer! Der nackte rote Samt ohne die beiden Scheine. Was tun? Ich erinnerte mich an den Kindergottesdienst und dachte daran, daß uns erzählt worden war, wie einem der liebe Gott in jeglicher Not helfen würde.

Ich war ja nun in großer Not!

Wenn er also das vom Schwert abgehauene Ohr eines Kriegers hatte wieder anheilen können, dann könnte er doch auch mein Geld wieder beschaffen. Darum betete ich: »Lieber Gott, mach bitte, daß die fünf Mark wieder in dem Kästchen sind.«

Ich hatte in jener Stunde den lieben Gott mit einem Zauberer verwechselt. Als ich mein kleines Schatzkästlein aufklappte, folgte die Enttäuschung auf dem Fuße: Kein Schein auf rotem Samt!

Durch eine Wiederholung des Gebets verbesserte sich meine Situation nicht. Mein Glauben war schwer erschüttert, denn mir wurde deutlich, daß der liebe Gott nicht in der Lage ist, einzugreifen, wenn es mal richtig konkret wird!

Übrigens: der Platz, auf dem heute noch der Zwickauer »Rummel« stattfindet, heißt seit längerer Zeit Platz der Völkerfreundschaft. Weil der Inhalt dieses etwas umständlichen Substantivs eine gute Sache ist, soll nun von mir aus der stark nach DDR klingende Name für alle Zeiten bleiben.

Reisen

In meiner Kindheit verreiste ich nicht ein einziges Mal zusammen mit meinen Eltern. Das konnten wir uns finanziell nicht leisten. Einmal im Jahr fuhr ich mit meiner Mutter zu Verwandten nach Thüringen. In Weida und Wünschendorf mußten wir umsteigen. Was für eine Aufregung für meine Mutter! Zweimal umsteigen!

»Ist das auch der richtige Zug?«

Sie hätte keine Nacht ruhig geschlafen, wenn sie noch gelebt hätte, als ich in Amerika war ...

An meine erste Reise ins thüringische Triptis erinnere ich mich genau. Wir mußten sehr früh aufstehen. Schnaufend stand die Dampflokomotive bereit. Es war noch dunkel. Als wir aus dem Bahnhof fuhren, sah ich vom Zugfenster aus viele erleuchtete kleine Kästen an den Weichen. Dann plötzlich Funken und Qualm. Und der besorgte Hinweis der Mutter: »Paß auf, daß du keinen Funken ins Auge bekommst!« Tausende leuchtender Lichtpünktchen flogen am Fenster vorbei, und der Rauch biß in der Nase. Meine Mutter zog das Fenster mit einem leinenen dicken Band nach oben und drückte durch ein Loch im Band einen, vom vielen Gebrauch blitzblanken, metallenen Stift zur Arretierung. Es gab auch da und dort noch lederne Riemen, die in den Jahren danach Stück für Stück durch Kunststoff ersetzt wurden. Ob die Leute sie manchmal »mitgehen ließen«? In einem Buch las ich, daß nach der Revolution von 1918 die Fenstervorhänge in den Zügen gestohlen wurden, um daraus Unterwäsche zu nähen. Aus den ledernen Fensterzugriemen bastelte man seinerzeit Kindersandalen, und aus den Polsterbezügen der ersten Klasse schneiderte sich manche Frau die festliche Weihnachtssamtbluse. All das ließ sich nach 1945 ebenso gut verwenden ...

Als es hell geworden war auf unserer Weltreise im gemächlichen Personenzug, ging während der Fahrt die Abteiltür auf, und der Schaffner kam herein. Er war draußen auf einem Trittbrett entlanggelaufen, denn durchgehende Wagen gab es noch nicht, jedenfalls nicht für Personenzüge auf solchen Strecken.

Daß der Schaffner bei voller Fahrt zur Tür hereinkam, einen »Guten Morgen« und die Fahrkarten zur Kontrolle wünschte, erstaunte mich sehr.

Die Kleinbahn, die von Wilkau-Haßlau nach Carlsfeld fuhr und die ich später zu einem Wandertag kennenlernte, hatte sogar noch richtige Öfen, die im Winter vom Schaffner beheizt wurden.

Meinen Koffer lege ich übrigens heute noch ins »Gepäcknetz«, obwohl es diese Netze längst nicht mehr gibt. Das Wort hat sich eingeprägt und wird abgerufen, wenn es darum geht, den Koffer zu verstauen. Die geknüpften Vorfahren der heutigen Gepäckablagen sahen wie kleine Fischernetze aus, in denen sich Taschen und Koffer verfangen hatten. Sie waren an metallenen Stangen befestigt – hielten ewig und vor allem enorme Gewichte aus. Mitunter sah man auch in überfüllten Zügen schlafende Kinder in ihnen sanft hin und her schaukeln. Das Verstauen von Kindern während der Fahrt im Gepäcknetz war natürlich verboten, aber Verbote wurden und werden zu allen Zeiten übertreten.

Selbst in Diktaturen.

*

Döblitz hieß mein Ferienparadies in Thüringen. Das Dorf war vom Bahnhof Triptis nur zu Fuß zu erreichen. Ich erinnere mich, daß es immer sehr heiß war, wenn meine Mutter und ich diese Strecke zurücklegten.

In Döblitz wohnten Tante Friedel und Onkel Walter mit ihren Kindern Renate und Günter. Tante Friedel war eine rheinische Frohnatur, eine gutmütige Frau, deren hochdeutsche Sprache mich als kleinen Sachsen sehr beeindruckt hat. Onkel Walter, ein Bruder meines Vaters, war wie mein Großvater Bäcker gewesen und noch – wie vor Urzeiten üblich – auf Wanderschaft gegangen. Er stammte also auch aus Zwickau, war aber ein bäurischer Typ mit einer leuchtend roten Erdbeernase. Er hatte eine gewisse seherische Gabe. Beizeiten meinte er: »Es kommen schlechte Zeiten!«, und zog von Zwickau aufs Land.

Onkel Walter hatte Hunger und Elend im Ersten Weltkrieg am eigenen Leib erfahren. Er spielte in jungen Jahren für seinen Kaiser den Patrioten, machte sich älter, als er war, und zog mit 17 Jahren freiwillig in den Krieg. Aus diesem Krieg kehrte er stark geläutert zurück. Im Zweiten Weltkrieg ließ er sich dann als Bäcker für die Versorgung der Bevölkerung Unabkömmlichkeit bescheinigen.

Und half wohl auch etwas nach.

Seine Familie mußte während des Krieges und danach nie hungern. Ein, zwei Schweine grunzten immer im Stall, Kaninchen mümmelten Heu, Hühner gackerten, und der Garten lieferte an Obst und Gemüse, was der Mensch brauchte. Mein Bruder fuhr in der Nachkriegszeit manchmal nach Döblitz und schleppte als Dreizehn-, Vierzehnjähriger einen Rucksack mit Kartoffeln oder Rüben nach Zwickau.

1945 trat mein Onkel in die KPD ein. Die Partei hatte schließlich recht gehabt mit ihrer These: »Wer Hindenburg wählt, wählt Hitler. Wer Hitler wählt, wählt Krieg!« Er wurde Bürgermeister in dem kleinen thüringischen Dorf. Seinen Büroraum seh ich noch vor mir. Ein winziges Durchgangszimmer, in das gerade ein Schreibtisch paßte. Das Tollste in diesem Raum kam aus der Decke! Mit einer Stange, die an einem Ende eine Art Fleischerhaken hatte, hakte man in einen kleinen Ring und konnte aus der Decke eine Treppe ziehen, die sich quietschend nach unten auffaltete. Dann konnten mein Cousin und ich auf den Boden klettern, wo uns Heuduft empfing.

Bürgermeister zu sein, war in den Nachkriegsjahren nicht immer ungefährlich. Meine Cousine Renate erzählte mir, daß eines Tages Russen gekommen waren und von ihm ein Schwein haben wollten. Wenn er es nicht bringe, würden sie ihn erschießen. Er lief also von Bauernhof zu Bauernhof um sein Leben. Irgendwann erbarmte sich ein Bauer und rückte eins raus. Da hat mein Onkel tatsächlich Schwein gehabt!

Er war der einzige »Rote« im Ort und wurde deshalb von den Bewohnern nicht gerade abgöttisch geliebt. Einen weiteren Beitrag zur Nichtpopularität lieferte er damit, daß er später im Parteiauftrag der 1. LPG-Vorsitzende im Gebiet wurde.

Onkel Walter hatte – wie gesagt – eine gewisse seherische Gabe. Allerdings ist eine seiner Prophezeiungen nicht eingetreten. Er sagte manchmal: »Wartet nur ab, wenn eines Tages die Zebb über die Bierbrigg komm!« Was sollte das bedeuten?

Die »Bierbrigg« war die »Bierbrücke«, die über die Mulde zur Vereinsbrauerei führte.

Aber was sind »die Zebb«?

Damit meinte Onkel Walter die Chinesen, die in seiner Kindheit vielfach noch »Zöpfe«, also »Zebb« trugen. Nach seinen geographischen Kenntnissen mußten die Asiaten, von China kommend, in Zwickau über die Bierbrücke einreisen. Er glaubte vermutlich daran, daß sie sich eines Tages Europa untertan machen wollten. Vermutlich hat nie ein Chinese diese Brücke betreten, wohl aber Amis und Russen.

Die Späße der Dorfjungs waren deftig. Als mein Zwickauer Cousin Heiner einmal mit in Döblitz war, kam er aufgeregt angerannt: »Die wolln mich nackichen, die wolln mich nackichen!«

Ein paar Dorfjungs wollten ihn ausziehen und mit Brennesseln bearbeiten. Im Zeitalter der Skinheads verhältnismäßig harmlose Spielchen. Vielleicht war mein Cousin Heiner auch mit seinen Äußerungen etwas fürwitzig gewesen und hatte den kenntnisreichen Städter zu sehr betont.

In jenem Dorf erlebte ich als kleiner Bub, daß ich mich

besonders freute, wenn mir ein bestimmtes Mädchen begegnete. Sie hieß Ursel. Wenn sie aus ihrem Hof trat, während ich gerade vorbeikam, kribbelte es im Bauch, und ich empfand ein freudiges Erschrecken. Ich weiß nicht einmal, ob ich jemals mit ihr ein Wort wechselte. Wir lächelten uns nur immer an. Heute wird sie Großmutter sein, wie ich Großvater bin, und in wenigen Jahren werden unsere Enkelkinder Ähnliches erleben.

Wenn ich heute an das Dorf Döblitz denke, dann hab ich immer noch die Ruhe im Ohr. Vor allem am Abend. Diese unglaublich hörbare Ruhe, die nur vom Bellen eines Hundes, den Grillen oder dem Schnauben eines Pferdes unterbrochen wurde.

Man muß heute weit in den Wald laufen oder hoch auf einen Berg steigen, um diese Ruhe zu erleben. Die Stille meiner Kindheit ist dahin, gerade auch im dörflichen Milieu. Ich war im Urlaub in den letzten Jahren oft an sogenannten ruhigen Orten. Einer baut immer! Ein Rasenmäher schnarrt immer über die Wiese!

Was war dagegen das ffffft, ffffft, ffffft einer Sense! Das Dengeln der Sense klingt gegen einen Rasenmäher immer noch wie Glockengeläut. Und auch das Aufstellen der Garben machte keinen Krach. Wir nutzten die wigwamähnlichen Gebilde auf den Feldern als Unterschlupf beim Versteckspielen. Und wenn die Garben oder das Heu mit einer Gabel auf ein Pferdefuhrwerk geladen wurden, dann ging das auch wieder lautlos vor sich. Höchstens ein Satz oder ein Wort fielen. Ich sehe noch die Bauern und Bäuerinnen im Schatten eines Baumes am Feldrand zur Mittagspause sitzen und sich von ihrer anstrengenden Arbeit erholen. Neben sich Brot und Käse in blau-weiß karierten Tüchern und Tee oder Saft in einem irdenen Krug. Meine romantische Sicht auf ihre Arbeit hätten die natürlich kaum geteilt. Sie waren schon froh, als ihnen Maschinen ihr hartes Tagwerk abnahmen.

Nur an ein lautes Geräusch in Döblitz kann ich mich erinnern: das verursachte das Wanderer-Leichtmotorrad meines Onkels Walter. Heute wäre das eine Rarität. Auch ein Wanderer-Auto mit Speichenrädern stand noch in der Garage. Doch waren längst keine Ersatzteile mehr zu beschaffen. Die Garage meines Onkels hätte man unter Denkmalsschutz stellen müssen. Ich habe nie wieder in meinem Leben eine so herrliche Gerümpelbude gesehen!

Mit dem Leichtmotorrad, das natürlich in Wirklichkeit gar nicht leicht war, fuhr ich einmal auf Anraten meines Cousins Günter. Die Geschwindigkeit im zweiten Gang hat mich völlig verblüfft. Vor lauter Überraschung konnte ich mich nicht mehr erinnern, wo sich die Bremse befand, und beendete schließlich meine Tour, indem ich mich in ein Kornfeld fallen ließ.

Kornfelder liebe ich noch immer, Mohn- und Kornblumen am Feldrand zählen zu meinen Lieblingsblumen.

Am Abend wurde es im Dorf – auch wenn es tagsüber noch so heiß gewesen war – immer schön kühl, und wenn ich morgens aufwachte, roch ich als erstes das Heu aus der neben meinem Bett gelegenen Bodenkammer. Vor dem Fenster schaukelten die Früchte eines hohen Birnbaums. Wenn eine Birne vom Baum gefallen, also zum schnöden Fallobst im Staub degradiert worden war, diente sie Bienen und Wespen als fette Beute.

An einer Stelle der Dorfstraße befand sich ein Podest aus Holzlatten. Darauf standen am Morgen die Milchkannen. Ein Pferdegespann holte sie in der Frühe ab.

Vor den Dorfhunden hatte ich »Spundus«. Man wußte ja nie … Zum Glück hingen die meisten an einer mehr oder weniger langen Kette.

Das tat mir einerseits für den Hund leid, war mir aber andererseits aus Sicherheitsgründen sehr recht.

Auch Gänse waren besser zu meiden! Wenn sich so ein Gänserich angegriffen fühlte und mit lang gestrecktem Hals zischend auf einen loslief, dann legte ich schon mal einen Schritt zu.

Vom Dachboden des Hauses in Döblitz erblickte man die Autobahn. Ich sah sie dort zum ersten Mal. Die Leute sagten noch: »Hitler hat die Autobahn gebaut.« Der hat natürlich keine Handbreit davon gebaut, sondern den Reichsarbeitsdienst genutzt, um jene Straßen für den schnellen Transport von Kriegsgerät anzulegen.

Da rollten die schmucken glänzenden Limousinen in Richtung Frankenwald oder kamen von dort. Die »Ford Taunus« und »Opel«, die »VW-Käfer« und »Goggomobil«, »Borgward Isabella« und »BMW Isetta«. Günter und ich hatten bei Regenwetter ein schönes Spiel erfunden. Wir saßen vor einem Dachfenster, umgeben von Heu, und zählten »Westautos«.

»Die von links sind deine, die von rechts sind meine.«

Mein Cousin erzählte mir, daß manche Kinder aus dem Dorf an die Autobahn betteln gehen würden. Sie stellten sich an den Rand, winkten, und tatsächlich war es schon passiert, daß Kaugummi oder gar eine Tafel Schokolade zum Fenster hinausgeworfen worden waren.

»Kaugummi ... Schokolade«, dachte ich, unerreichbare Schätze. Aber Günter und ich waren zu stolz, als daß wir es auf einen Versuch ankommen ließen. Dafür hatte ich in den Ferien ausreichend von einem anderen Schatz: Kuchen! Mein Onkel, der ehemalige Bäcker, buk gleich ein ganzes Blech voll. Es duftete dann im ganzen Haus wie in einer Bäckerei.

Gern saß ich mit meinem Cousin in einem schönen alten Kirschbaum und besah mir die Welt aus einer anderen Perspektive. Wir sahen über die Erwachsenen hinweg. Sie schienen gar nicht mehr so groß. Wenn wir uns mucksmäuschenstill verhielten, bemerkten sie uns nicht bei ihrer Arbeit. Wir konnten sie beobachten und verspürten ein Gefühl der Überlegenheit. Wir hatten einen eigenen Raum im Baum.

»Kommst du mit in den Kirschbaum?«

Kein Erwachsener konnte solch eine schöne Frage stellen. Das war das Vorrecht der Kinder. Es war Juli oder August. Die Kirschen waren längst eingekocht. Inzwischen pflückte Tante Friedel mit meiner Mutter Stachel- und Johannisbeeren.

Mein Onkel hatte derweil wieder einen Parteiauftrag bekommen und arbeitete in Triptis als Werkschutz in der Porzellanfabrik, der »Borrzlbuhde«, wie er sie nannte. Vielleicht fehlten zu viele Tassen und Teller, und die wachsamen Augen von Onkel Walter sollten den Diebstahl eindämmen.

Mit meinem Freund Uwe habe ich als vierzehnjähriger Schüler auch zehn Tage in diesem Betrieb geschuftet. Es gab dort sehr schwere Arbeit und wenig Geld. Besonders anstrengen mußten sich die Arbeiter, wenn die Öfen »ausgetragen wurden«, das heißt die Keramikgefäße mit dem gebrannten Porzellan aus den unglaublich heißen Öfen geholt wurden. Ich erinnere mich, wie mir ein Mann seinen blutigen Nabel zeigte und von seinen Brüchen erzählte.

Mein Onkel sagte mir, daß ich meinen Lohnzettel für die Rente aufheben müsse. Den Hinweis fand ich merkwürdig. Zum ersten Mal, hörte ich, daß ich dereinst einmal Rentner sein würde.

Mein Gott, das war doch noch hundert Jahre hin!

Tja und heute – da sind's grad noch zehn!

Und ich hab den Zettel natürlich längst versiebt!

Vor kurzem bin ich wieder einmal in Döblitz gewesen. Fast alle Häuser stehen noch, aber es riecht nicht mehr nach Dorf! Die Misthaufen fehlen!

Das einzige Tier, das ich gesehen habe, ist ein Vogel gewesen. Kein Pferd, keine Kuh, keine Gans und keine Ente. Nicht mal eine Katze ist träge über die Dorfstraße geschlichen.

Und der Dorfteich ist zur Wiese geworden.

Es ist zwar noch Döblitz, aber nicht mehr mein Kindheitsdorf!

Im Westen

Ein einziges Mal, im Jahre 1957, bin ich zusammen mit meinem zwölf Jahre älteren Bruder verreist. Und gleich in den Westen!

Es war das Todesjahr meines Vaters, und ich sollte etwas Ablenkung erfahren. Ich war dreizehn. In jenen Jahren konnte man noch ziemlich unproblematisch in die Bundesrepublik fahren. Bekannte von mir sind sogar mit dem Fahrrad bis nach Italien gerollt, haben hier und da ein paar Tage als Tellerwäscher gearbeitet, um das Geld fürs Nötigste zu haben.

Mein Bruder versteckte vor dem Grenzübertritt zehn Dollar in seinem Schlips, die ihm irgend jemand geschenkt hatte. Ich hatte etwas Bammel, daß der Schein bei der Kontrolle herausrutschen könnte. Zehn Dollar waren damals für uns eine stattliche Summe.

Wir übernachteten in kirchlichen Einrichtungen, die mein Bruder schon auf früheren Reisen als Theologiestudent kennengelernt hatte. In Ansbach lebten wir von der Gastfreundschaft unser ehemaligen Untermieterin aus Schlesien.

Mir erschien diese Fahrt wie eine Weltreise! Ich sah Hof, Nürnberg, Ansbach, Stuttgart und Frankfurt am Main. Meine lebendigste Erinnerung stammt von einem Rundgang durch die erste Weststadt: Hof. Diese Düfte! Es roch völlig anders als in der DDR. Ich blieb vor Geschäften mit Südfrüchten, Schokolade und Kaffee stehen, atmete tief und genoß die Gerüche.

Die Abgase der Autos waren hier zwar auch nicht gesünder, aber sie rochen anders. Das hatten wir Jungs allerdings schon in Zwickau bei den West-Besuchern festgestellt. Nun sah ich all die Automarken vor mir, die ich vorwiegend von bunten Prospekten kannte. Ich schielte immer wieder zu den Zeitungskiosken und sah mir die bunte Bilderwelt an. Hier hingen sie einfach vor meiner Nase, die wunderschönen Hefte von Mickey Mouse und Tarzan, Akim und Sigurd. Aber ich hatte kein Geld, und meinen älteren Bruder interessierten die Comics überhaupt nicht.

In Nürnberg sah ich in einem Hochhaus am Plärrer den ersten Paternoster meines Lebens und bestieg ihn mit großem Respekt und vor allem in der Hoffnung, rechtzeitig wieder den Absprung in das entsprechende Stockwerk zu schaffen.

Auf dem Reichsparteitagsgelände spielten ein paar amerikanische Soldaten Fußball. Das hätten sich die Nazigrößen nicht träumen lassen, als sie die Vorbeimärsche der langen Reihen kerniger deutscher Soldaten abnahmen.

Während wir die Straßen entlangliefen, schielte ich auf die Kaugummi-Automaten. Unglaublich, daß die Kinder einfach im Vorbeigehen eine der bunten Kugeln ziehen konnten. Aber ich freute mich schon, dies alles wenigstens sehen zu dürfen, obwohl im Angesicht von Mickey Mouse und Kaugummi in mir schon mal eine leise Melancholie der unerfüllten Wünsche aufstieg.

In Frankfurt am Main imponierte mir besonders die Gegend um die Hauptwache. Die höheren Häuser waren für mich schon Wolkenkratzer. Am Abend sah ich die flimmernden Lichtreklamen. Die haben mich fasziniert. 1957 war ja die Zeit des dicksten Wirtschaftswunders, und ich schrieb auf eine Ansichtskarte an meine Mutter einen einzigen Satz: »Ich staune nur noch.«

In allen Städten, die wir auf unserer Reise besuchten, lief gerade ein Film, dessen damals noch gemalte Werbung über den Kinoeingängen auch meine Blicke anzog: »Und ewig lockt das Weib«. Wenn ich mich richtig erinnere, spielte die kurvenreiche Brigitte Bardot die Hauptrolle. Solch offenherzige Bilder hatte ich noch nie an einer Hauswand gesehen. Derartige Filme und auch die spannenden Western, das war mir klar, würden wir in Zwickau nie zu sehen bekommen!

Einen Packen Hefte mit Abenteuergeschichten, die ich von Bekannten geschenkt bekommen hatte, mußte ich vor der Heimreise wegen der Grenzkontrollen auf die dringliche Bitte meines Bruders in einem Papierkorb in Frankfurt am Main lassen. Wer sie fand, wird sich gewundert haben, daß ausgerechnet in einer Theologischen Schule plötzlich Hefte aus der Reihe »Coyote« und »Silber-Wildwest-Romane« auftauchten! Es tat mir in der Seele weh, diese bei uns verbotenen Hefte im Abfall zu sehen. Wenn ich das meinen Freunden erzählte, das war mir klar, würden sie alle mit mir trauern.

Auf der Heimfahrt bat mich eine Frau im Abteil, ich solle mich doch bitte auf ihren Liebes- oder Abenteuer-Schmöker setzen, weil sie annahm, daß ich als Kind nicht kontrolliert würde. Ich dachte an meine schönen »Schwarten«, und daß ich doch wenigstens eine hätte retten können ... Ich tat ihr den Gefallen, und es klappte auch.

Von den bunten flimmernden Lichtreklamen hab ich wahrscheinlich in meiner Schulklasse am meisten geschwärmt, denn man nannte mich anschließend eine Zeitlang den »Leuchtreklamen-Billy«. Ich lief nach der Reise durch unsere Stadt und sah die wenigen Leuchtschriften, die nur den Namen eines Geschäftes oder eines Ladeninhabers erglühen ließen. An und aus, wie in Frankfurt, ging hier nichts.

Rührend freute ich mich über eine neue Neonschrift vom Friseur-Salon »Richter-Kelz« in der Zwickauer Philipp-Müller-Straße. Wenigstens etwas.

Wenn irgendwo ein Gerüst an eine Giebelwand montiert wurde, hoffte ich, daß dort solch eine Leuchtschrift wie in Frankfurt am Main entstünde. Es wurde ja immer wieder davon geredet, den Westen zu überholen. Zum Beispiel im Butterverbrauch. Warum also nicht auch eines Tages mit Leuchtschriften!

Das Hochwasser

Der Sommer des Jahres 1954 war total verregnet. Der Wasserpegel in der Mulde stieg und stieg. Längst waren die Wiesen überflutet, und das Wasser floß knapp unterhalb der Dammkrone. Schließlich passierte es: ausgerechnet am »Badegarten«, einem Lokal, gegründet um die Jahrhundertwende, brach der Muldendamm, und Zwickau ging baden.

Mein Schulkamerad Heinrich G. wohnte damals in der Altstadt: »Nachts um drei wurden wir geweckt. Das Wasser käme. Als erste wurden aus dem Hof die Hasen gerettet. Das Wasser kam als kleine Flutwelle aus Richtung Katharinenkirche in breiter Front wie an der Nordsee am Wattenmeer. Bald stand es einen Meter hoch. Wir mußten die Hasen einen Stock höher bringen. Von einem Fenster unseres Hauses konnten wir in den Hof vom Gefängnis sehen. Die Angehörigen der Wachmannschaft wußten zunächst nicht, wie sie in die anderen Gebäude kommen sollten. Es zeigte sich, daß auch sächsische Gefangenenwärter pfiffige Leute sind. Sie bestiegen große, viereckige Eisenwannen, die von den Gefangenen schwimmend über den Hof kutschiert wurden.«

Das freute übrigens die Kinder in der Muldenstadt besonders: das Paddeln in Zinkbadewannen und Holzbottichen in Haus und Hof. Von den besorgten Eltern kam dann garantiert der Hinweis: »Aber nicht auf die Straße paddeln!« Dort war es wirklich gefährlich, denn die Strömung hätte einen abtreiben können.

Mein Vater, als gewissenhafter Mensch, ging trotz Hochwasserwarnung auf Arbeit und wollte am Nachmittag die Leipziger Straße schwimmend überqueren. Er schwamm mit Hut(!) und einem Brot in Richtung unseres Hauses. Man rief ihm zu: »Arthur, mach das nicht! Wir holen dich!« Es war dort eine beachtliche Strömung, die ihn zwar nicht bis Leipzig, aber doch ein ganzes Stück hätte abtreiben können. Man hievte meinen Vater schließlich in ein Boot und legte am Fensterstock der Kneipe im Erdgeschoß an. Dort stellte er verwundert fest, daß das Wasser ja nicht nur auf der Straße, sondern auch in der Gaststätte plätscherte ...

Die Versorgung erfolgte in den nächsten Tagen vom Boot aus. Der Fleischer Bretschneider kam angerudert, und wir ließen einen Korb hinab. Drin lagen das Geld und die Lebensmittelmarken, denn das spartanische System war durch die Katastrophe nicht außer Kraft gesetzt. Der Fleischer legte die Wurst und das Wechselgeld hinein, und wir zogen – wie Rapunzel im Turm – unseren Korb nach oben.

Alles, was schwamm, wurde für den Transport herangeholt: Schlauchboote, Ruderboote vom Schwanenteich, Flöße, Spreewaldkähne und Pontonwagen der Roten Armee. Die verursachten besonders hohe Wellen, und das Wasser klatschte an die Schaufensterscheiben der Läden.

Es schwammen auch Dinge vorbei, die normalerweise nicht auf einem Fluß zu sehen sind. Eine Telefonzelle zum Beispiel oder eine Hundehütte mit einem bellenden, angeketteten Schäferhund auf dem Dach.

Im Zwickauer Museum sah ich mir ein Fotoalbum über das Hochwasser an. Einem Transparent auf Stelzen stand das Wasser bis zum Hals. »Die Belegschaft des VEB Steinkohlenwerk Karl Marx fordert: Raus mit den Atomkanonen aus Westdeutschland!«

Ich nehme an, die Belegschaft hat gesiegt, denn nach meiner Kenntnis gibt es keine mehr ...

Wie konnte es zu diesem Hochwasser kommen?

Der Volksmund munkelte, daß man in der Talsperre Sosa aus Angst vor einem Schaden an diesem Bauwerk zu schnell zu viel Wasser abgelassen habe. Die Funktionäre der Partei klärten in dem Heft »Hochwasser in Zwickau und Freundschaft der Tat« die Bevölkerung auf, wie sie Schlimmeres verhütet hatten: »Die Feinde der Republik versuchten, durch fingierte Anrufe die Wassermeister zum Öffnen der Sperren zu veranlassen, um dadurch das Ausmaß der Katastrophe zu vergrößern.

Die Rechnung der Kriegstreiber ging nicht auf!«

Welch Glück für die Zwickauer!

Die Altstadt

Die Zwickauer Altstadt war Romantik pur. Bog ich am Vaterland-Kino von der Hauptstraße nach links in dieses Viertel ab, umfing mich eine besondere Atmosphäre. Wenn es meine pekuniäre Situation zuließ, hatte ich vorher noch Halt im Vorraum des »Vaterland« gemacht. Dort residierte mitten im DDR-Zwickau ein Italiener: Gino Campo, von Vertrauten Jonny genannt. Er zauberte aus Ost-Substanzen italienisches Eis. Es duftete und schmeckte traumhaft.

Die Zwickauer Altstadt könnte heute ein Touristenmagnet sein. Durch romantische Gassen, Straßen und über Plätze würden die Gäste der Stadt an kleinen Läden und Werkstätten, Galerien, Kneipen und Cafés vorbeibummeln.

Aber es kam ganz anders: In den siebziger Jahren begann die Zerstörung der Altstadt; Häuser aus dem 15. und 16. Jahrhundert wurden abgerissen. Was der Krieg verschont hatte, nur 75 Häuser waren in der Muldenstadt total zerstört worden, wurde nun nachträglich in Trümmer gelegt, eine sozialistische Innenstadt sollte entstehen. Provinzielles Denken und die simplen Vorstellungen von Schönheit, die ästhetisch ungebildete Funktionäre in Karl-Marx-Stadt und Zwickau favorisierten, hatten diese kulturgeschichtliche Untat ersten Ranges ermöglicht. Der größte Teil der noch existierenden mittelalterlichen Gebäude in der Stadt samt entsprechender Straßen wurde zerstört. Fachleute meinen, daß drei Viertel aller Häuser zu retten gewesen wären. Der Rest hätte behutsam ergänzt werden müssen. Die Katharinenkirche, in der 500 Jahre früher Thomas Münzer gepredigt hatte, wurde von den Verantwortlichen bewußt geschändet, indem man der Kirche gegenüber eine der häßlichen DDR-Kaufhallen plazierte. Ein Bildhauer schuf im Auftrag des Staates vor der Kirche ein Münzer-Denkmal. Der Prediger auf dem Sockel erinnert eher an einen DDR-Spitzensportler. Die daneben stehende Reliefwand wurde von jugendlichen Bewohnern des Neubauviertels entsprechend bearbeitet: Viele Teile wurden abgeschlagen. Münzer wurde 1525 hingerichtet, die Zwickauer Altstadt ab 1979. Die Genossen setzten dem ein Denkmal, »der für Wahrheit kämpfte in der Welt«. Also ausgerechnet jene, die die Wahrheit im eigenen Land scheuten wie der Teufel das Weihwasser.

In der Altstadt wurde auch eine intakte Kneipenkultur zerstört: Der »Burgkeller« und das »Dresdner Tor«, die »Quetsche« und die »Reichshalle«, »Saxonia« und »Alt-Zwickau« ... In den Gaststätten und Kneipen schenkte man ein Spezialgetränk der Bergarbeiterstadt aus: »Zwickauer Koks«. Man trank ihn pur, aber auch heiß, als eine Art Punsch. Hergestellt wurde er von der Firma Nobis & Hartung, in der Region auch unter »Noha« bekannt.

Im und am »Theater-Café« stammte alles aus den zwanziger Jahren. Es gab sogar noch nachmittägliche Kaffeekonzerte. Außen zierte eine beeindruckende Kachelverblendung die Hauswand. Die Älteren nannten das Kaffeehaus nur »Café Buschbeck«. Dem Großvater meiner Freunde Axel und Lutz Lorenz, dem Wächtler-Max, gehörte das Kaffeehaus bis nach dem Krieg. Die Familie wohnte im ersten Stock, und wir verlebten in froher Runde im angrenzenden Vereinszimmer schöne Stunden, sangen zur Gitarre und tanzten nach den ersten Beatles-Schallplatten.

In den Geschäften mit den schönen alten Einrichtungen kannte jeder jeden. Die Kunden erhielten im Laden kostenlos Anteilnahme und Trost, ohne Lebensmittelkarten gab es Aufmunterung und Witz. Heute verlieren sich die Menschen in den Supermärkten und begegnen in der Fülle nur der Leere.

Das Katharinengäßchen führte von der Burgstraße zum Katharinenkirchhof. Baumkronen überragten eine rote Ziegelmauer. In einer anderen verputzten Mauer hing ein altes hölzernes Tor, das zu einem verwunschenen Hof oder Garten führte und von einer getigerten Katze bewacht wurde. Eine Gaslaterne grüßte von ihrer verschnörkelten Halterung. Ein schwarzes Fahrrad mit dicken Reifen und der blechernen Werbetafel eines Handwerkers an der Stange lehnte an der Mauer. Der spitze, schiefergedeckte Turm der Kirche grüßte und zog mich magisch an. Die Bewohner der kleinen Häuser hielten über die Gasse einen Schwatz. Alte, schöne Portale luden ein. Es gab Innenhöfe mit Drei-Seiten-Galerien aus Holz. In jedem Hof stand eine Kastanie oder Linde. Bröckelnder Putz schuf bizarre Figuren an den Mauern. Die Altstadt beflügelte die Phantasie.

Man ging in Zwickau in der Umgangssprache »durchs Gässl« – wie in Prag. Und an das romantische Prag erinnerte manche Ecke der Zwickauer Altstadt. Selbst die berühmten Prager Durchhäuser gab es hier, also Gebäude, die eine Passage zu Fuß oder vor allem mit einem Pferdegespann zuließen. Die sanften Schwünge der Gassen und Straßen, die kleinen und größeren Plätze ... alles war organisch gewachsen. In früheren Jahrhunderten war scheinbar zufällig etwas wunderbar Geschlossenes entstanden, in den Jahren der DDR (aber nicht nur in der DDR!) war es vielfach geplant Häßliches!

Das ausgehende Mittelalter hatte Zwickau eine Zeit städtischer Blüte beschert. Die Marienkirche war gebaut worden, das Gewandhaus, die Katharinenkirche und manches prächtige Patrizierhaus. Die Zwickauer Bürger hatten an den Silberfunden im Erzgebirge partizipiert. Einen neuen Aufschwung erlebte die Stadt im 19. Jahrhundert durch die Förderung der Kohle.

Den schönen Blick vom Brückenberg auf die alte Stadt Zwickau versperren heute Betonbauten. Diese Verrohung der Form, bei der die Vertikale der Horizontalen geopfert wird, ist eine ästhetische Verarmung sondergleichen.

Der Druck aus der SED-Bezirksleitung Karl-Marx-Stadt in den siebziger Jahren soll angeblich groß gewesen sein. Sie wollten mit den Plattenbauten aus Zwickau eine sozialistische Stadt machen. Es war geplant, noch mehr Gebäude im Zentrum abzureißen, Häuser aus der Gründerzeit. Die Argumente der Funktionäre prägte vielfach ideologische Einfältigkeit: Die Gründerzeit sei die Bismarckzeit gewesen. Bismarck habe die Vertreter fortschrittlicher Ideen mit den Sozialistengesetzen geknebelt. Also solle mit den baulichen Zeugen dieser Zeit aufgeräumt werden ... Gab es damals in Zwickau eigentlich auch einen Denkmalschutz?

Irgendwann kam für die Stadt glücklicherweise ein Stoppzeichen in Sachen Abriß – vielleicht sogar aus Berlin?

Wer heute durch das Zentrum oder die Nordvorstadt geht, schwärmt, wie schön die erhalten gebliebenen und inzwischen rekonstruierten Bürgerhäuser aussehen.

Mein Klassenkamerad Heinrich G. schrieb damals eine Eingabe und setzte sich für den Erhalt bestimmter wertvoller Gebäude in der Altstadt ein. Er schlug vor, in dem zu rekonstruierenden Gebiet Inseln alter Bausubstanz zu schaffen und angepaßte Neubauten anzuschließen. Heinrich G. wurde von Verantwortlichen der Stadtverwaltung zu einer Unterredung geladen. Das »vertrauensvolle Gespräch« endete in einer Belehrung. Ein Stadtrat und ein Bauexperte ließen ihn wissen, daß sie seinen Vorstellungen nicht entsprechen könnten, er müsse sich klarmachen, daß der einzelne nicht klüger sein könne als das Kollektiv. Das war's!

Sollten der ehemalige Stadtrat und der Bauexperte auf diese Zeilen stoßen, dann möchte ich ihnen hiermit gern noch einmal deutlich sagen, daß mein Schulkamerad allein durchaus klüger war als ihr ganzes Kollektiv!

Die Enkel fechten's hoffentlich besser aus! So sie zu Geld kommen, mögen sie die Betonklötze abreißen und angepaßt in der Traufhöhe der Zwickauer Innenstadt bauen.

Den Oberbürgermeister aus jenen DDR-Tagen habe ich übrigens zufällig in Leipzig auf einer Ansichtskartenbörse kennengelernt. Er, der die Verantwortung für den Flächenabriß mit trägt, suchte nach Ansichtskarten von Alt-Zwickau für seine Sammlung ...

Schloß Osterstein

Das imposanteste Gebäude der Altstadt war neben der Katharinenkirche das Schloß Osterstein mit dem schönen Kornhaus aus dem Jahre 1480. Es wurde lange Zeit als Gefängnis genutzt. August Bebel und Karl May mußten hier einsitzen. In der Nazizeit war der Gebäudekomplex mit Gegnern des Systems überfüllt, nach dem Krieg wurden sofort wieder die Gegner des neuen Systems in dem Gemäuer eingesperrt.

Als Bekannte von mir in den fünfziger Jahren am Gefängnis entlangliefen und herumalberten, kamen sofort Polizisten und stellten sie zur Rede. Weil sie mit den Händen herumgefuchtelt hatten, argwöhnten die Bewacher, sie hätten Häftlingen verschlüsselte Zeichen gegeben. Ja, »Wachsamkeit« wurde in den fünfziger Jahren groß geschrieben, überall witterte man »subversive Kräfte«, die es zu »entlarven« galt.

Für mich war das Schloß Osterstein ein riesiges romantisches Gebäude, das mich an Märchen und Sagen erinnerte. In manchem ähnelte es meiner hölzernen Burg, die von November bis März mein Lieblingsspielzeug war.

Für die Leute drinnen im Schloß Osterstein war der Aufenthalt alles andere als märchenhaft. Eine Bekannte von mir wurde aus politischen Gründen Anfang der Fünfziger über drei Jahre im Schloß Osterstein festgehalten. Sie hatte brieflich Informationen über Leben und Stimmung in der DDR an den RIAS gegeben. Wegen dieser Berichte wurde sie, 24 Jahre alt, zu fünf Jahren Freiheitsentzug und Einzug des gesamten Vermögens verurteilt. Das bedeutete: auch ihr Sparbuch und verschiedene Dinge aus der Wohnung gingen in den Besitz des Staates über. Ihr blieben nur die zum Leben notwendigen Dinge wie zum Beispiel ein

Schlafzimmerschrank, Tisch, Bett und Stühle. Ihr Vater kam wegen desselben Delikts ins Gefängnis. Das Herrenzimmer wurde beschlagnahmt. Ihre Mutter wurde auch gleich mit bestraft: sie mußte die Wohnung räumen und in eine kleinere ins Hinterhaus ziehen.

Politische Häftlinge wurden im Gefängnis nicht von den kriminellen getrennt, und so saß meine Bekannte mit Mörderinnen und Diebinnen zusammen. Im alten Kornhaus des Schlosses waren sechshundert weibliche Häftlinge in zwei Sälen in zwei Etagen untergebracht. Für dreihundert Frauen gab es zwei Toiletten. In drei Schichten nähten die Häftlinge rund um die Uhr für eine Wäschefabrik in Planitz Oberhemden. Es gab 80 Maschinen, drei Bänder. In einer Schicht wurden 240 Hemden fertiggestellt.

In der Freizeit saßen die Politischen meist zusammen an einem Tisch. Von einer Wärterin mußten die Frauen sich sagen lassen: »Ihr seid schlimmer als die Kriminellen! Die haben nur einen Mord auf dem Gewissen. Aber ihr habt das ganze Volk auf dem Gewissen!«

Eine Viertelstunde pro Tag war Hofgang. Im Monat genehmigten die Behörden ein Paket: sechs Pfund Lebensmittel. Einmal im Monat durfte man duschen.

Im Monat erhielten die Gefangenen für ihre Arbeit zehn Mark. Mit einem Bon konnten sie im HO-Laden Plätzchen und andere Süßigkeiten kaufen, Alkohol und Zigaretten gab es nicht. Jeden Monat durfte meine Bekannte eine Viertelstunde mit ihrer Mutter sprechen.

Wenn ich als Kind die vergitterten Fenster im Schloß Osterstein sah, gruselte mich die Vorstellung, dort eingesperrt zu sein. Von 1951 bis 1954 saß die junge Frau hinter diesen Gittern.

Dreimal hat sie mit anderen Häftlingen »Stille Nacht, heilige Nacht« gesungen.

Lindenhof

Drei große Varietés existierten in Ostdeutschland: der Friedrichstadtpalast in Berlin, das Steintor-Varieté in Halle und der »Lindenhof« in Zwickau. Viele berühmte Artisten traten besonders gern in Zwickau auf. Sie mochten das Zwickauer Publikum, das durch die Bewohner des Erzgebirges und des Vogtlands verstärkt wurde.

Im »Lindenhof« gab es in meiner Kindheit noch Live-Musik. Erwin Pollini und sein Orchester spielten. Erst jetzt habe ich erfahren, daß er jüdischer Herkunft war. Sein Vater war Jude, und so hatte Pollini auch unter den Rassengesetzen der Nazis zu leiden. Es wird erzählt, daß er von einem Transport habe fliehen können und von seiner Frau in Zwickau versteckt worden sei. Davon ahnte ich nichts, als ich ihn zum ersten Mal dirigieren sah.

Sonntags gab es im »Lindenhof« auch eine Nachmittagsvorstellung. Einmal waren mein Freund Tony und ich mit unseren ersten Eroberungen dort. Wir hatten uns auf dem Schulfasching im zarten Alter von 13, 14 Jahren in zwei Mädchen »verguckt«. Um ihnen zu imponieren, hatten wir sie zur Nachmittagsvorstellung in den »Lindenhof« eingeladen. Wir hatten die billigsten Plätze ganz hinten an der Wand. Aber das spielte keine Rolle. Nie wieder hab ich so ein schönes Varietéprogramm erlebt, denn ich saß Hand in Hand mit Ulrike.

An zwei Programmteile kann ich mich noch gut erinnern. An die Nummern-Girls, die in einer Art Badeanzug und auf hohen Stöckelschuhen glitzernde Schilder mit einer Zahl darauf über die Bühne trugen und dabei verheißungsvoll ins Parkett lächelten. Und schließlich an Leila Negra. Sie sang süß und kokett »Ein kleines Stelldichein kann so romantisch sein«.

Wie wahr, Leila, wie wahr, denn es war mein erstes Rendezvous! Mit Uli im »Lindenhof«!

Im »Lindenhof« fanden auch Weihnachtsfeiern statt. Für mehr als eintausend Kinder der städtischen Angestellten wurde in den frühen fünfziger Jahren an einem 21. Dezember solch eine Weihnachtsfeier organisiert. Folgende Episode übermittelte mir ein Augenzeuge. Der Mann auf der Bühne fragte die Kinder: »Na, liebe Kinder, wer hat denn heute Geburtstag?«

Da rief es aus vielen Kindermündern: »Der Weihnachtsmann!« – »Nein, liebe Kinder, heute hat jemand anders Geburtstag!« Zunächst wußte niemand, wer gemeint war. Aber schließlich rief eine gut informierte Schülerin: »Der Genosse Stalin!«

»Richtig, sehr gut!«

Da freute sich der Mann auf der Bühne, und das Mädchen bekam für ihr gutes Wissen ein Pfefferkuchenhäusel.

Wir lernen daraus: Politisches Wissen zur rechten Zeit kann das Leben versüßen.

Kabarett und Theater

Kabarett sah ich zum ersten Mal im »Rembrandt« meiner Tante. So hieß einer der ersten Fernsehapparate aus DDR-Produktion. Dort bewunderte ich die »Lach- und Schießgesellschaft« mit Dieter Hildebrandt. Großartig! So etwas wollte ich auch mal machen. In der »Freien Presse« las ich dann von einem Kabarett »Die Ungeschminkten«. Dahinter verbargen sich Schauspieler des Zwickauer Theaters, die sich neben ihrer Arbeit »ungeschminkt« zum Tag äußern wollten. So gut das eben damals möglich war. In diesem Kabarett wirkte ein Mann mit, der später von 1962 bis 1992, also genau dreißig Jahre, die Leipziger, ihre Gäste und mich jungen Amateurkabarettisten in der »Pfeffermühle« begeistert hat: Manfred Stephan. In Zwickau wurde er von seinen Kollegen »Mannee«, in der Messestadt dann »Steps« genannt. Wäre Kabarett im DDR-Fernsehen erlaubt worden – »Steps« wäre überall im Land bekannt und beliebt gewesen.

Als 1954 auch das Zwickauer Theater unter Wasser stand und Manfred Stephan danach wie alle anderen wochenlang Kostüme mit der Bürste schrubbte, spielte das Ensemble für längere Zeit in der »Neuen Welt«. Ich sah alle Stücke, obwohl ich vieles nicht verstand, und ich fand alles großartig – selbst die agitatorischen »Russenstücke«.

Manfred Stephan und Stefan Helgers waren in den fünfziger Jahren Zwickauer Schauspieler, die vor allem komödiantisch glänzten. Selbst in einer »Sportoperette«!

Ja, auch so etwas wurde in der DDR erfunden! Eine Operette über die Friedensfahrt. »Jedes Jahr im Mai« hieß das Werk, das den Schöpfern schon viele Jahrzehnte keine Tantiemen mehr bringt.

Damals spielte man in Zwickau Theater auch in der

Werkhalle. Nach dem Motto: Wenn der Arbeiter ungern ins Theater geht, muß eben das Theater zu ihm kommen. Und womit? Nicht mit dem »Zerbrochenen Krug« oder »Minna von Barnhelm«, nein, mit dem Stück »Die Sieger« von Hasso Grabner. Darin wetteiferten zwei Brigaden um den Titel »Brigade der sozialistischen Arbeit«. Das Glanzstück wurde im VEB Sachsenring aufgeführt. Die Arbeiter werden sich gefreut haben, daß sie endlich mal ein Stück über die Arbeit sehen konnten ...

Kino

Wenn nach dem Film die Türen aufgingen, und das Tageslicht auf den Hof vom »Astoria«, vom »Palast« oder in die Gasse neben dem »Vaterland« fiel, war ich noch ganz benommen. Es dauerte eine Weile, bis ich wieder wußte, wo ich war. Von den Bildern und der Handlung der Filme gefangen, fand ich erst langsam in die Wirklichkeit zurück.

Es war schon eine besondere Mischung von Filmen, die wir damals sahen. Da liefen alte Ufa-Streifen und neue »West-Filme«. Humor und Witz gefielen mir schon als Schulkind, also ging ich gern in Filmlustspiele mit Heinz Rühmann und Theo Lingen, Hans Moser und Paul Hörbiger. Die DEFA versuchte später immer wieder, heitere Streifen zu produzieren, aber wenig gelang auf diesem Gebiet. Dafür boten die Ost-Filmemacher gute Literaturverfilmungen und wunderbare Märchenfilme. Erinnert sei nur an »Das Feuerzeug« mit dem unvergleichlichen, kriegsmüden Soldaten Rolf Ludwig, mit dem mich viele Jahrzehnte später noch eine Freundschaft verbinden sollte.

Wir sahen hervorragende Filme aus Italien und Frankreich, Polen und der Tschechoslowakei, doch auch die sentimentalen Russenfilme beeindruckten uns Kinder. Die ideologisch bedingten Übertreibungen erkannten wir erst in späteren Jahren. Unerhörte Begebenheiten wurden dann gern mit der Redewendung kommentiert: »Das gibt's in keinem Russenfilm!«

Als Kinder fieberten wir mit den Helden der Oktoberrevolution, den Kundschaftern und Partisanen. Begeistert waren wir von sowjetischen Märchenfilmen wie »Die steinerne Blume«, »Das Wunderpferdchen« oder »Die schöne Wassilissa«.

Auch wenn uns manche DEFA-Schauspieler gefielen:

richtige Stars gab's natürlich nur im Westen, darum verschlang ich die »Starrevue« und die »Filmrevue«, die meine ältere Cousine Inge von irgend jemanden bekam. Inge war nahezu filmverrückt und steckte mich mit ihrer Begeisterung an. In diesen Zeitschriften, gegen die unser »Filmspiegel« ziemlich armselig wirkte, sah ich die Fotos von Romy Schneider und Horst Buchholz, von Maria Schell und O. W. Fischer und wie die Publikumslieblinge alle hießen.

Inge besuchte 1957 Bekannte in München. In der Zeitung hatte sie von Dreharbeiten auf dem Filmgelände von Geiselgasteig gelesen. Also fuhr sie hinaus und bettelte, daß der Pförtner sie doch auf das Gelände lassen möge. Sie wollte als Ost-Besucherin einmal westliche Filmluft schnuppern. Den bayrischen Pförtner interessierte die Filmbegeisterung meiner jungen hübschen Cousine überhaupt nicht, er hatte nur Augen für seine Vorschriften, die besagten, Unbefugten sei der Zugang zum Gelände zu verwehren. Da halfen keine schönen Augen und auch kein wippender Petticoat. Aber ein richtiges sächsisches Mädchen gibt sich nicht so schnell geschlagen. Inge wanderte am Zaun entlang, bis sie aus dem Blickfeld des Wurzelzwergs verschwunden war, dann setzte sie mit schwingendem Rock über den Zaun und spazierte durch das Bavaria-Filmgelände. Dort geriet sie in eine Drehpause des Films »Monpti«, den Helmut Käutner nach dem Roman von Gabór von Vaszary drehte. Horst Buchholz spielte den Monpti, einen ungarischen, hungernden Kunststudenten in Paris. Romy Schneider – damals achtzehn, so alt wie meine Cousine Inge – war die Darstellerin der Anne-Claire, einer Näherin.

Inge, mit ihrem Charme, mit ihrer Filmbegeisterung, kam in Kontakt mit dem Drehstab, unterhielt sich mit Käutner, sprach auch mit Horst Buchholz und Romy Schneider. Der Pförtner guckte sehr verwundert aus seinem Häuschen, als sie eine Stunde später fröhlich winkend an ihm vorüberging. Es war Drehschluß. Inge stand an der Straßenbahn-Haltestelle, und plötzlich quietschten neben ihr Bremsen. Horst Buchholz saß im offenen Sportwagen und lud sie ein, mit ihm in die Stadt zu fahren. Als mir Inge von diesem Erlebnis später in Zwickau erzählte, staunte ich meine Cousine an. Horst Buchholz und Romy Schneider!

Inge verließ dann bald die DDR und ging nach München. Für eine Filmkarriere hat es nicht gereicht, aber sie hat sich in diesem Metier einen Bekanntenkreis aufgebaut. Am engsten war sie mit dem damals populären Schauspieler Peter van Eyck befreundet.

Der Musikfilm meiner Kindheit hieß »Bon jour, Catrin!« Fünfmal sah ich den Streifen mit der wunderbaren Caterina Valente, ihrem Bruder Silvio Francesco und Peter Alexander. Und nahezu jede Melodie hab ich im Kopf: »Bon jour, Catrin, bon jour, ihr Melodien, die dieser schöne Tag mir bringt ...«

Das waren wohl die letzten, schon modernen, aber im Stil der Ufa arrangierten Tanz- und Showszenen eines Revuefilms. Diese Lieder summten damals Hunderttausende auf dem Heimweg oder am nächsten Morgen im Büro. Die Melodien wurden Ohrwürmer. Versuchen Sie heute mal einen Techno-Titel nachzusingen!

Natürlich kamen solche Filme nicht ohne Klischees aus: »Steig in das Traumboot der Liebe ...« Chor: »Liebe«. »... fahre mit mir nach Hawai.« Boiiiing – und der Ton der Hawaigitarre verebbte nach oben. Aber auch jazzige Rhythmen zauberte das Orchester Kurt Edelhagen in diesem Musikfilm. Ich saß mit großen Augen im Kino Astoria und wollte unbedingt Schauspieler oder Schlagersänger werden.

*

1990 fand die erste Bambi-Verleihung im Osten statt. In der Leipziger Oper gaben sich die Stars von Film und Fernsehen ein Stelldichein. Von O. W. Fischer bis Otto Walkes, von Johannes Heesters bis zum von mir seinerzeit ebenfalls heiß verehrten Peter Kraus, von Marikka Rökk bis ... Caterina Valente! Alle standen auf der Bühne. Ich zeigte auf Caterina Valente und sagte zu meiner Frau: »Das ist die

Traumfrau meiner Kindheit. Die würd' ich gern kennenlernen!«

Nach der Verleihung der Bambis gab es für alle Anwesenden ein Dinner.

Und an unserem Nachbartisch saß – Caterina Valente. Irgendwann faßte ich mir ein Herz, rückte meinen Stuhl zu ihr und sprach sie an. Wir unterhielten uns über »Bon jour, Catrin«, und sie erzählte mir, daß sie mit ihren Artisten-Eltern schon in den vierziger Jahren im Leipziger Kristallpalast aufgetreten sei. Später kam ich auch mit Peter Alexander ins Gespräch, und bei Nennung des Films sang er gleich los: »Komm ein bißchen mit nach Italien ...« Und ich konnte mithalten: »Komm ein bißchen mit ans blaue Meer ...«

Inzwischen bin ich natürlich auch in Italien und am blauen Meer gewesen. Genau vierzig Jahre nach »Bon jour, Catrin«!

Herbst

Der Herbst begann für mich, wenn die Kastanien auf die Erde fielen.

Ich habe die Jahreszeit immer geliebt, weil sie mir diese braunen Früchte und auch Eicheln schenkte. Ich kannte alle Kastanienbäume der Umgegend. Man mußte beizeiten los, um fündig zu werden. In jenen Tagen zogen gleich mir viele Jungen und Mädchen herum, um Beute zu machen. Wir gaben uns auch nicht mit den Kastanien zufrieden, die auf der Erde lagen. Einen Stock warfen wir ins Geäst und freuten uns, wenn sie in der stachligen grünen Hülle nach unten fielen.

Welch Freude, die dunkelbraun glänzenden Früchte zu finden! Die Maserung auf der braunen Haut erinnerte mich an Möbel und Tischplatten in der »guten Stube« von Verwandten.

Bis zum heutigen Tag kann ich nicht an diesem Baum vorbeigehen, ohne ein paar Kastanien aufzuheben.

Ich fühlte mich durch Kastanien immer auf eine besondere Weise beschenkt. Wenn die grüne Schale noch dran war und die braune Haut durch einen Spalt schimmerte – das gefiel mir besonders. Was haben wir nicht alles aus Kastanien und abgebrannten Streichhölzern gebastelt. Die wunderlichsten Männchen, manchmal mit Eicheln dekoriert. Höhepunkt war eine ausgehöhlte Kastanie, in die wir ein Loch bohrten und eine Makkaroni hineinsteckten. Ins Loch stopfte ich Pfefferminz-Teeblätter und »rauchte« die Pfeife.

Das ständige Ziehen an der Makkaroni weichte natürlich das Stück Teigware auf, ich mußte immer wieder davon abbeißen, langte bald vorn, kurz vor dem »Pfeifenkopf«, an und verbrannte mir schließlich »de Gusche«!

Stoppeln

Wer heute dieses Wort hört, denkt automatisch an den Herbst, vielleicht an die Liedzeile »Über Stoppeln weht der Wind ...«.

In der Nachkriegszeit war das Wort auch in seiner Bedeutung als Verb lebenswichtig – »stoppeln« hieß liegengebliebene Ähren oder Kartoffeln auf dem Feld auflesen. In anderem Zusammenhang mit jeglichem Mangel: etwas zusammenstoppeln. Da ein paar Nägel und dort zwei Bretter.

Ich bin mir nicht sicher, ob sich Erzähltes ins Hirn geschlichen hat, aber ich glaube, meine erste Erinnerung stammt aus jener Zeit, als ich etwas über zwei Jahre alt war: ich sitze neben meiner Mutter und meinem Bruder am Rande eines Feldes im Sportwagen. Dort stehen wie am dörflichen Fußballplatz Menschen, die auf ein Zeichen warten. Allerdings nicht auf das Ende des Spiels, um die Sieger zu umarmen, nein, hier stehen nur Verlierer, denen der Magen knurrt und die lediglich die Freigabe der abgeernteten Fläche herbeisehnen. Durch ein Mißverständnis ging mein Bruder zu früh aufs Feld und bekam vom zornigen Bauern eine Ohrfeige. Meine Mutter war empört, ich weinte. Zu Solidaritätsbekundungen durch die Masse kam es nicht. Der Bauer war der König der Nachkriegszeit, wir waren die Bettelleute.

Stoppeln bedeutete: Ehre jeder Ähre.

Zu Hause wurden die Körner aus der Ähre »gebiebeld«, auf einem Kuchenblech geröstet und in der Kaffeemühle gemahlen.

Die Nachkriegsdeutschen waren ein Volk von Amateur-Müllern.

Dann konnte endlich das ersehnte Mehlsüppchen gekocht werden.

Die Konterrevolution

1950 kam ich in die Schule. Die Lehrer unterwiesen uns Schüler, wer gut und wer böse sei. Gut waren der im KZ ermordete Thälmann, Ulbricht, Pieck, Grotewohl und natürlich Stalin, Stalin, über allen. Ihn verehrten alle friedliebenden Menschen der Welt. Und seinetwegen wurden von Nowosibirsk bis Bratislava die Pläne übererfüllt. Auch die Leipzigerin Frieda Busch reihte sich ein in die Schar der Aktivisten und webte in der Jutespinnerei der Messestadt bis zu Stalins Geburtstag am 21. Dezember 1953 zusätzlich das Material für 2000 Zuckersäcke. Mit solchem Engagement mußten doch auf Dauer die Kapitalisten zu schlagen sein!

Die Bösen hießen Adenauer, Ollenhauer, Eisenhower. Das war eine einzige »auerei«. Zwar sollten noch »Deutsche an einen Tisch!«, aber das Tischtuch war längst zerschnitten.

Drei Jahre nach meinem Schulanfang schnappte ich einen Spruch über unsere »guten Politiker« auf, der mich sehr staunen ließ: »Spitzbart (Ulbricht), Bauch (Pieck) und Brille (Grotewohl) sind nicht des Volkes Wille.« Es schienen also nicht alle Bürger im Land von den dreien begeistert zu sein.

In den ersten Schuljahren war ich vom Leben in der DDR sehr angetan. Die Umzüge mit Fahnen und Musik zum 1. Mai begeisterten mich. Der helle Klang der Fanfaren stimmte mich erwartungsfroh – heute würde ein ganz besonderer Tag sein! Mir gefielen die kleinen Fähnchen aus Papier, die fast alle Kinder in ihren Händen hatten, die Wimpelketten und die geschmückten Lastkraftwagen.

Wir Jungen Pioniere demonstrierten für einen Friedensvertrag und für ein glückliches Leben.

In unserer Kindheit wurde im Angesicht der Ruinen in den Städten schon wieder viel von der Gefahr eines neuen

Krieges gesprochen. Wir kreiselten auf der Straße – im Schatten der Atompilze.

Nach der Demonstration am 1. Mai war in der Kneipe im Erdgeschoß unseres Hauses ein toller Trubel. Es wurde angestoßen, erzählt, gelacht, Klavier gespielt und gesungen. Allerdings keine Kampflieder, sondern man wünschte sich auch am Tag der Werktätigen, daß »das Wasser im Rhein gold'ner Wein wär'«. In zwei blechernen Gurkenfäßchen standen Birken an der Eingangstreppe.

»Erster Mai, erster Mai – alle Menschen werden frei!« riefen wir Kinder. Warum und wovon? – das wußten wir nicht. Anfang der fünfziger Jahre fand in Berlin ein Weltjugendtreffen statt. Aus diesem Anlaß wurde eine Kampagne aus der Taufe gehoben: »Jeder Pionier wirbt ein neues Mitglied.« Ich glaube nicht, daß ich das versucht habe. So etwas lag mir nicht. Dazu war ich seinerzeit zu schüchtern. Aber ich selbst wollte als kleiner Pionier unbedingt mit den blauen Fahnen der FDJ nach Berlin. Eines Tages fragte ich meine Eltern: »Das geht doch, daß einer in der Familie Pastor und der andere FDJ-Sekretär wird!?« Meine Eltern amüsierten sich über meine Frage, und im Bekannten- und Verwandtenkreis wurde diese Geschichte als Anekdote weitergereicht. Sie stimmten milde lächelnd zu: »Ja, ja ... das geht schon ...«

In den ersten drei Schuljahren schickten mich meine Eltern öfters spielen oder einkaufen, wenn sie sich mit Freunden über die politische Lage unterhielten. Ich hätte sie in große Schwierigkeiten bringen können, wenn ich im Unterricht in meiner Naivität ausgeplaudert hätte. »Aber mein Vater hat gesagt ...«

Wegen solcher Sätze kamen mitunter unangemeldet Herren in langen Mänteln zu Besuch.

Irgendwann kippten meine kindlichen Sympathien für den jungen Staat. Vor allem wohl, weil immer mehr gegen die Kirche gehetzt wurde. Ich war schließlich fleißiger Besucher des Kindergottesdienstes in der nahe gelegenen Methodistenkirche und hatte dort ganz andere, schöne Erfahrungen gemacht. Die Geschichten und Spiele, die ich dort kennenlernte, gefielen mir. Direkt nach dem Krieg war diese Kirche besonders überfüllt, weil die amerikanischen Brüder und Schwestern mit Lebensmitteln und Kleidung halfen. Nach der geistigen gab es richtige Nahrung. Und so öffnete nach dem Gottesdienst die Suppenküche. Schwedische Christen schickten Heringsfässer. Die Fische wurden nach der Predigt – wie seinerzeit im Neuen Testament beschrieben – an die Bedürftigen verteilt. Als die Versorgung mit Lebensmitteln besser wurde, verschwanden von einem Tag auf den anderen die »Heringschristen«.

Auch an die Verteilung von Milchpulver erinnere ich mich. Das klebte zwar wie Zement am Gaumen, aber für uns schlecht ernährte Kinder war es ein wahrer Segen. Und es schmeckte viel besser als der gräßliche Lebertran. Ich bekam auch einmal ein Paar braune, halbhohe, amerikanische Lederschuhe geschenkt. Am Knöchel klebte wie bei Volleyballschuhen ein rundes Polster. Die paßten natürlich überhaupt nicht zu meiner sonstigen bescheidenen Kleidung und wurden auf der Zwickauer Hölderlinstraße gehörig bestaunt.

Auch meine musische Ausbildung erhielt ich zu einem großen Teil in der nahe gelegenen Methodistenkirche, denn in der Schule fielen die entsprechenden Fächer in Ermangelung geeigneter Lehrer oft aus. Ich spielte als Kind im Krippenspiel und startete später als Jugendlicher meine ersten kabarettistischen Versuche, sang im gemischten Chor, lernte Trompete und brachte es immerhin bis zu einem Auftritt auf dem Zwickauer Hauptfriedhof zum Totensonntag.

Aber das wollte ich gar nicht erzählen, denn wir befinden uns im Jahr 1956, und ich las noch die Pionierzeitschrift »Fröhlich sein und singen«. Hier wie in der »Trommel« wurde auf mehr oder weniger unterhaltende Art versucht, die Ideologie in unsere kleinen Köpfe zu trichtern.

Im Mai 1956 dichtete irgend jemand zum Parteitag der SED – vorsichtshalber hat er keinen Namen angegeben, es sollte wohl als kindlicher Originaltext gelten – einen »Gruß der Pioniere an die Partei«. Darin zeigte sich der kapitale Unterschied der Systeme:

>»... So wie hier bei uns,
> wo kein Kapitalist
> den Arbeiterkindern das Essen wegfrißt.«

Nun verstehen Sie, warum ich als Kind anfangs für den Sozialismus war. Das war doch die Höhe, wie sich die Kapitalisten benahmen! In der Schule wurde uns gelehrt, daß der Fortschritt allein mit uns im Bunde war. Die Pioniere sagten den Genossen vom Parteitag, was in der Zukunft zu erwarten sei:
>»Dann bin ich schon Arzt,
> kuriere nicht dumm
> an allerlei häßlichen
> Krankheiten 'rum.
> Dann werden die Krankheiten selber,
> kraft
> der höheren Wissenschaft –
> abgeschafft.«

Nun gut, alle Blütenträume sind nicht gereift, aber der Glaube an die Lösung aller Probleme der Menschheit war grenzenlos!
>»Beim fünften Parteitag,
> Du liebe Partei,
> sind hoffentlich schon
> die von Hamburg dabei ...«

Ehe die Hansestädter mit den Ostdeutschen gemeinsame Parteitage abhielten, mußte noch viel Zeit vergehen, und – wie wir alle wissen – waren das dann auch ganz andere Parteien als seinerzeit erhofft ...

1956, als Zwölfjähriger, wollte ich nicht mehr FDJ-Sekretär werden. Am 1. Mai liefen wir auch nicht mehr begeistert über die Straßen, sondern lauerten auf eine günstige Gelegenheit, um von der Demonstration »abzuhauen«. Ich zählte zu den – wieder – heimlichen Hörern des Londoner Rundfunks, den ich zwischen Morsezeichen und anderen Störgeräuschen in unserem alten Radiokasten bei gutem Wetter durch Feinarbeit mit dem Senderwähler »rankriegte«.

Inzwischen riskierte man zwar nicht mehr – wie im nazistischen Deutschland – seinen Kopf beim Abhören des Feindsenders, aber Probleme handelte man sich in den Anfangsjahren der DDR dafür allemal noch ein.

Am liebsten hörte ich die mich sehr beeindruckende Radiosendung »Briefe ohne Unterschrift«. Den Akzent des deutsch sprechenden Engländers hab ich noch genau im Ohr. Post aus dem Osten wurde verlesen und kommentiert, vielfach war sie in Westberlin oder Westdeutschland in den Kasten geworfen worden. Der Mister mit der angenehmen Stimme sagte am Schluß jeder Sendung: »Schreiben Sie uns, wo immür Sie wohnen, was immür Sie auf dem Hörzen haben, schreiben Sie – Brieffe onne Onterschrift!«

Im Herbst 1956 besuchten mein Vater und ich oft meinen Cousin Siegfried, den Drogisten. Er besaß ein besseres Radio, und wir hörten bei ihm Berichte über die Volkserhebung in Ungarn. Wenn die Aufständischen einen Sieg errungen hatten, ging Siegfried in die unter seiner Wohnung gelegene Drogerie, holte eine Flasche Pfefferminzlikör und stieß mit meinem Vater hoffnungsvoll an. In der Schule sprachen die SED-Lehrer indes nur von der »Konterrevolution«, die dort wütete. Meine Sympathien lagen längst bei den mutigen Leuten in Ungarn und Polen. Als sich die sowjetischen Truppen aus Budapest zurückzogen, schien eine Wende im sogenannten sozialistischen Lager greifbar nahe.

Vater und Siegfried hatten zu früh angestoßen. Der Aufstand in Ungarn wurde von sowjetischen Panzern niedergewalzt.

Noch genau fünf Jahre hatten die Ostdeutschen die Möglichkeit, ihre Heimat zu verlassen. Hunderttausende machten davon Gebrauch.

Auch mein Cousin wechselte die Likörsorte.

Kinderspiele

Eines Tages, im Alter von elf, zwölf Jahren, gründeten wir, angeregt durch »Timur und sein Trupp«, eine Bande. Wir gingen alle in dieselbe Klasse und trafen uns manchmal auf einem Schießübungsplatz der Roten Armee. Dort schwatzten wir den Soldaten einen roten Stern von ihrer Mütze ab und durften die leeren Patronenhülsen einsammeln. Die ließen sich zum Basteln verwenden – mit Plastilina. Das war damals so ein Stoff, aus dem wir unsere Träume kneteten.

Kleine Deutsche, die wir waren, brauchten wir natürlich für unsere Bandenzugehörigkeit einen Ausweis. Mein Freund Uwe besaß einen Stempel. Den drückten wir auf ein Stück Pappe, dazu Name, Geburtstag, Anschrift – das war unser Ausweis.

Solch ein Dokument fiel dem Physiklehrer Z. in die Hände, der sich wie ein Geier auf alles stürzte, was Schüler an privaten Sachen im Unterricht bei sich hatten.

Zwei Stunden später betrat unser Klassenlehrer S. mit todernstem Gesicht den Raum. Er hatte ein steifes Bein und war außerdem körperlich unproportioniert: die Schultern waren schmaler als die Hüften. Er hatte dünnes Haar, aber sein Scheitel war immer akkurat gezogen. S. lächelte selten, Humor war ihm ein Fremdwort. Seine Beliebtheit stieg auch nicht dadurch, daß er undisziplinierte Schüler in die Wange kniff.

S. kam also ins Zimmer, steuerte das Pult an, warf seine Tasche auf den Stuhl, daß sie herunterfiel, schmiß seinen Schlüsselbund auf den Tisch. Dann stellte er sich vor uns hin, wackelte mit dem gesunden Bein, das tat er immer, wenn er aufgeregt war, und rief in den Raum: »Die deutsche Bande mit Ausweisen vortreten!!!«

Wir sahen uns verwundert an, denn dieser Name war bei

uns noch nie gefallen. Es stellte sich heraus, daß Herr S. folgendes übersehen hatte: der Stempel lautete »Deutsche Kinderpost«. In die Mitte hatten wir »Bande« geschrieben. S. las im oberen Teil »Deutsche«, dann »Bande, und dies war so ungeheuerlich, daß er nicht mehr bis zur Kinderpost vordrang.

Das reichte! Im Jahr 1956! Für ihn marschierte die Konterrevolution! In seiner Klasse! In der Zwickauer Alexander-Puschkin-Oberschule.

Wir Kinder indes marschierten erst mal nach vorn. Ein ungutes Gefühl machte sich in unserer Magengegend breit. Was hatten wir getan? Garantiert nichts Schlimmes. Aber warum war Herr S. so schrecklich aufgeregt?

Da standen wir sechs vor der Klasse, Timur und seinem Trupp viel näher als einer konterrevolutionären »Deutschen Bande«. Mein Freund Peter hatte seinen Ausweis nicht mit und wurde von S. aufgefordert, ihn sofort zu holen.

Inzwischen begann das Verhör. S. forschte nach feindlichem Gedankengut. Nun wußten wir wirklich nicht, worauf er hinauswollte, denn über politische Themen hatten wir nie gesprochen.

Horst, unser Klassenerster, lenkte ein. »Sie sind doch auch jung gewesen und bestimmt mit Jungs herumgezogen.«

»Darum geht es ja nicht«, sagte S., »aber mir fällt jetzt ein, daß die Mitarbeit dieser Schüler bei den Jungen Pionieren in letzter Zeit schlagartig nachgelassen hat. Da gibt es doch eindeutige Bezüge!«

Sein scharfer Ton ließ einen von uns in Tränen ausbrechen. Norbert sagte schluchzend, daß er von nun an wieder besser bei den Pionieren mitarbeiten wolle. Dazu kam es aber nicht mehr, weil er einige Zeit darauf mit seinen Eltern nach dem Westen ging.

S. wollte wissen, wer unser Anführer sei. Wir sagten, es gäbe keinen, alle wären gleich. Irgendwann muß ich eine vorlaute Bemerkung gemacht haben, denn ich wurde vor die Tür gestellt. Als ich draußen stand, kam Peter angehetzt, das Corpus delicti in der Hand. Ich bat ihn, nicht zu erwähnen, daß er unser Anführer sei. Das ginge nicht, meinte er und drehte den Ausweis um. Dort stand in ungelenker Kinderschrift: Hauptmann.

S. berief eine Elternversammlung ein. Die Eltern, das sickerte bis zu uns durch, hatten kein Verständnis für seine Aufregung und versuchten ihm seine konterrevolutionären Ängste auszureden.

An jenem Tag war uns das Lachen vergangen. Der unerwartete Angriff und die schlimmen Verdächtigungen hatten uns angst gemacht.

Zum Glück waren wir damals noch Kinder.

Der Bergbau

Stand unser Küchenfenster offen, dann hörte ich manchmal ein starkes Rauschen. Ich wußte, das kam vom Schacht. Der glühende Koks wurde gelöscht. Es fauchte vom Brückenberg, als würde dort ein großer Drache hausen, der rote Feuerschein war von verschiedenen Stellen der Stadt zu sehen, und eine Dampfwolke stieg zum Himmel.

Bergleute zieht es in die Tiefe wie die Seeleute aufs Meer.

In vielen Familien fuhren die Männer seit Generationen ein. Harte Arbeit für wenig Geld. Die Fördertürme bestimmten Jahrzehnte die Silhouette von Zwickau. Dort sausten die Förderkörbe in die Tiefe und brachten die »schwarzen Männer« nach der Schicht wieder nach oben.

Viele Bergleute sind früher kilometerweit aus den Dörfern zur Arbeit gelaufen. Und wenn sie eingefahren waren, liefen sie wieder lange Strecken bis zum Arbeitsort ... vielleicht sogar genau in die Richtung, aus der sie gerade gekommen waren.

Die Arbeit der Bergleute war unglaublich hart. Dazu kam die Hitze. Bei über 1000 Meter unter Tage stieg die Temperatur schnell auf 30°C. Die Bohrhämmer erschütterten die Körper der Kumpels. Der Bergarbeitergruß »Glück auf!«, aus dem im nachlässig gesprochenen Zwickauer Dialekt mitunter »Gliauf!« wurde, war keine Floskel. Jeden Tag wurde das Glück benötigt, um wieder heil aus der Tiefe zu kommen. Und deswegen hießen die Bergwerke in alten Zeiten auch Hilfe-Gottes- oder Vertrauensschacht.

Die Männer, die dort einfuhren, die »Schachter« also, erkannte man an den dunklen Wimpern, in die sich der Steinstaub gesetzt hatte. Ihre Wimpern wirkten wie getuscht. Das war ein eigenartiger Widerspruch zu den teilweise kräftigen, aber manchmal auch ausgemergelten Gestalten. An den Wimpern und den Aluminiumdosen für ihre Brote habe ich die Bergleute immer erkannt. 1960 stand am Neumarkt einer neben mir. Man hatte eine Strecke abgesperrt, um die Opfer eines schweren Bergwerksunglücks mit allen verfügbaren Fahrzeugen schnell in die Kliniken zu bringen. Der junge Bergarbeiter stand wie versteinert neben mir und sagte, daß er die Schicht mit einem Freund getauscht habe; er war darum in großer Sorge um dessen Schicksal.

An jenem Tag kamen in manchen Familien Vater und Sohn ums Leben.

Die Frauen zogen den Brückenberg hinauf, um vom Schicksal ihrer Männer etwas zu erfahren. Über hundert Bergleute fanden damals den Tod. Tagelang trauerte die Stadt. Jeder kannte irgend jemanden, der vom großen Unheil betroffen war. Die bedrückende Atmosphäre übertrug sich auch auf uns Jugendliche.

Peter Walter, ein Freund aus Zwickauer Tagen, der »Schachter« war, erzählte mir, daß es unter Tage sogar Mäuse gegeben habe. Wie kam die Maus in die ewige Nacht? Sie lernten die Stollen in alten Zeiten über das Futter für die Pferde kennen. In den Säcken mit Heu fuhren sie ein. Generationen von Mäusen ernährten sich von den Brotresten der Kumpel, denn warmes Essen gab es unter Tage nicht. Die Bergleute machten sich mit den Mäusen ihren Spaß, hängten ein Stück Brot oder Wurst an einen Draht und löschten das Licht. Nach kurzer Zeit schalteten sie die Lampe wieder an, und schon tanzten einige Mäuse darunter.

Besonders üppig werden die Tierchen da nicht gelebt haben. Sie waren eher »arm wie eine Bergwerksmaus«. Übrigens soll manch kräftiger Kerl auch hysterisch geworden sein, wenn die kleinen huschenden Dinger in Sichtnähe auftauchten.

War der Plan im Schacht erfüllt, leuchtete vom Brückenberg ein roter Stern. Das war in vielen Betrieben der DDR üblich. Allerdings gab es auch Fabriken, wo vorsichtshalber keiner auf dem Dach installiert war.

Ein Plakat, das wir an den Litfaßsäulen sahen, zeigte einen strahlenden Bergmann mit der Aufschrift: »Ich bin Bergmann, wer ist mehr?« Am Proletarierhimmel des Systems strahlten die Sterne der Kumpel besonders hell. Die Kumpel wurden vom Staat hofiert. Auf ihre Arbeit war er besonders angewiesen. Kohle, und war deren Qualität auch nicht besonders, war das »Brot der Industrie«. Und so gab es Bergarbeiterkrankenhäuser und Sanatorien, bessere Lebensmittelversorgung und Deputatschnaps – den sogenannten »Kumpeltod«.

Die Spuren des Bergbaus waren mitunter auch an Häusern der Stadt zu sehen. Schloß eine Kellertür nicht mehr richtig, hieß es gleich: »Vielleicht hat sich was gesenkt.«

In dieser Stadt senkte sich wegen der unterirdischen Stollen immer mal irgendwo ein Gebäude. Die Bockwaer Kirche, die seinerzeit auf einem Hügel stand, befindet sich jetzt in einer Senke! Daß solch Bauwerk ohne Schaden das Absacken überstand, spricht für die Kunst der Baumeister. Die Gipsmarken am Dom der Stadt zeigen, daß auch dieses Gotteshaus ständig beobachtet wird, ob und wo es sich senkt. Inzwischen weiß ich, daß sich der prächtige Dom mit den Jahren um vier bis sechs Meter gesenkt hat. Und nicht nur das: er hat sich auch um einen Meter gedreht!

Wismut

Die »Wismut« und »der arbeitet bei der Wismut« hörte ich oft in meinen Kindertagen. Die SDAG – ausgesprochen ergibt dies die kuriose Zusammensetzung von Sowjetisch-Deutscher Aktiengesellschaft–Wismut, hätte eigentlich SDAG »Uran« heißen müssen. Das klingt aber gefährlicher, denn inzwischen war schon bekannt, was man aus Uran herstellen konnte. Wismut wirkte harmloser. Daß der Begriff »Aktiengesellschaft« noch einmal in Verbindung mit der Sowjetunion im russisch besetzten Deutschland aufersteht – das hätte sich niemand träumen lassen. Doch diese »Aktien« wurden an keiner Börse gehandelt!

Auf dem Zwickauer Bahnhof sah ich einmal einen Zug mit Kumpels der Wismut ankommen. Es war unglaublich. Ordnung und Sauberkeit galten in der Schule für Junge Pioniere als oberstes Gesetz. Aber was hier los war!

Die Kumpels saßen auf den Dächern, standen auf Trittbrettern und den Puffern der Wagen – es war eine Wild-West-Situation.

Man erzählte, als es den Kumpels einmal mit der Abfahrt des Zuges aus dem Erzgebirge zu lange dauerte, warfen sie kurzerhand den Lokführer von der Lokomotive und fuhren allein los. Kenner der Szene hielten den verbotenen DEFA-Film »Sonnensucher« noch für eine harmlose Darstellung der Verhältnisse.

Man kam nicht ohne »Propusk«, ohne Stempel, ohne besonderes Papier, von Zwickau in das Abbaugebiet der Wismut im Erzgebirge, nach Aue, Schlema, Johanngeorgenstadt usw. Es zeigte sich, daß jenes Gebirge den Namen zu Recht trug. Nach dem Abbau des Silbers kam nun ein ganz besonderes Erz an die Reihe.

Unmittelbar nach dem Krieg wurden Leute für die Arbeit unter Tage zwangsverpflichtet. Aus unterschiedlichsten Gründen. Da hatte vielleicht jemand ein Stück Butter gestohlen, einen politischen Witz erzählt oder im Betrieb einen Tag blaugemacht. Aber bald drängten sich die Leute danach, bei der Wismut zu arbeiten. Manche kamen nahezu von der Front bzw. vom Kriegsgefangenenlager zur Wismut. Die Vorteile waren groß: der Verdienst, die Vergünstigungen. Die Wismut-Kumpels hatten andere Lebensmittelkarten, Einkaufstalons, eigene Läden: die HO Wismut. Es gab spezielle Gaststätten, in denen man mit den entsprechenden Marken essen konnte. Die Arbeiter und Angestellten der Wismut wurden über die Gesellschaft hinausgehoben. Viele Männer gingen zur Wismut, um ihre Familien besser versorgen zu können.

Den typischen Wismuter kenne ich mit einer dunkelblauen Wattejacke, und er trug zwei Stück Holz in der Hand. Das waren ausgemusterte, zersägte Holzstempel aus dem Bergwerk, in die er eine metallene Bauklammer geschlagen hatte. Dieses rustikale Gepäck trug er wie ein Köfferchen nach Hause. Übers Jahr stapelte er den Keller voll Holz und kam dadurch gut über den Winter.

Von der Gefährlichkeit ihrer Arbeit ahnten die Kumpels anfangs kaum etwas. Sie tranken radioaktives Wasser, das von den Wänden des Stollens rann. Es gibt Tausende Fälle von Lungenkrebs. Ehemalige Bergleute erkranken heute noch daran. »Strahleninduzierter Krebs« nennt man das. In Sachsen und Thüringen werden im Jahr allein 30 Millionen Mark für die Behandlung von Lungenkrebs ausgegeben. Von den Leuten, die vor Ort waren, leben nur noch wenige. Neben den Strahlenschäden war Silikose eine Krankheit, die in Zwickau sehr verbreitet war: die Staublunge. Und wer trocken bohrte, stand nur im Staub. Die Verantwortlichen sahen zu, wie sich diese Menschen kaputtmachten.

Wenn es bei der Wismut Geld gegeben hatte, war das in Zwickau zu spüren. Wir merkten den Lohntag in unserer Wohnung durch das verstärkte Gegröle aus der Gaststätte im Erdgeschoß. Wenn ich im Treppenhaus an der geöffneten Tür vorbeiging, durch die Rauchschwaden ins Haus zogen, hatte ich immer etwas Angst vor unberechenbaren Betrunkenen.

In Crossen bei Zwickau war die Aufbereitungsanlage für das Erz. Unter russischer Aufsicht. Das Gestein wurde mit dem Zug nach Crossen gebracht, mit einem Laufband über die Straße transportiert und lag dann vor der Verarbeitung frei herum.

Durch die Leipziger Straße in Zwickau fuhren in regelmäßigen Abständen merkwürdige Autos, dunkelgrüne LKW, die hinter dem Fahrerhaus eine Art großen metallenen Sarg hatten. Sie kamen aus der Crossener Erzwäscherei. Das wußte jedes Kind. Wir nannten sie Erzkipper. In diesem Sarg lag ein Stoff, der tatsächlich unter besonderen Umständen vielen Menschen den Tod bringen konnte. Wir wußten, daß der Aufbau mit Blei ausgekleidet war, weil das darin liegende Material strahlte. Na ja, gut, dann strahlt es eben. Keiner war sich der Gefahr bewußt, keiner dachte daran, was passieren könnte, wenn so ein Gefährt auf der Leipziger Straße einmal einen Unfall gehabt hätte.

Der Doktor

Der Mann, der mir als Kind am meisten imponierte, den ich verehrte, ohne es mir bewußtzumachen, das war unser Hausarzt Dr. med. Johannes Tröltzsch. Seine Erscheinung wirkte vertraueneinflößend. Seine Sprache war markant. Er bewegte sich lässig, eine Locke hing ihm immer in die Stirn. Ich kenne ihn nur im offenen, wehenden, weißen Kittel. Und ich kenne sein Wartezimmer nur überfüllt, manchmal standen die Leute vom Vorraum noch die Treppe in den Garten hinab.

Dr. Johannes Tröltzsch war der letzte wirkliche Volksarzt in Zwickau. Er hat drei Generationen meiner Familie behandelt. Er kannte die Achillesfersen von Großvater, Vater und Enkel.

Der Doktor war Tag und Nacht für seine Patienten da. Er fuhr mit dem Fahrrad und hatte daran ein rotes Kreuz befestigt. Autofahren kam weniger in Frage. Der Doktor wurde oft auf ein Glas eingeladen, und er kam auch noch in der Nacht, obwohl es vorher mehrere Gläser geworden waren und er schon sechs Uhr morgens aufgestanden war. Oft brachte ihn auch der Trommer-Max, ein Taxifahrer, mit seinem F 8 zu den Patienten. Der ließ sich nur fürs Fahren bezahlen, nie fürs Warten.

Der Doktor war auch als Betriebsarzt bei der Deutschen Reichsbahn tätig und dort ebenfalls sehr beliebt. Zu seinem 50. Geburtstag legten Mitarbeiter Eisenbahngeleise in den Hof und rollten die Geschenke mit einer Lore an die Praxis.

Der Doktor konnte malen und Klavier spielen. Er sammelte Briefmarken und kochte gut. Er hatte in Tübingen studiert, sein Examen »Summa cum laude« abgelegt. Im Krieg war er Arzt in Frankreich und Griechenland gewesen, sprach perfekt französisch, weil er eine Zeit in Genf studiert hatte. Seinen Sprachkenntnissen verdankte er, daß er sich aus der Gefangenschaft herausmogeln konnte.

Der Doktor war immer großzügig und bekannt dafür, daß er mittellosen alten Leuten nach seinem Besuch auch mal einen Geldschein auf den Tisch legte.

Wir Nachkriegskinder wurden von ihm weniger mit Medikamenten als mit Hausmitteln kuriert. Wenn ich Durchfall hatte, verordnete er: »Reiben Sie eine rohe Kartoffel oder einen Apfel.«

Das bedeutendste Hausmittel in jenen Jahren war – schwitzen! Fliedertee trinken und abwarten! Schwitzen, nichts als schwitzen! Bei einer Angina gurgelte man maximal mit »Gargarisma« und bekam davon eine pelzige Zunge. Der Körper hatte seine Chance, alles wurde in Ruhe auskuriert.

Der Doktor war ein Arzt des Vertrauens: Wenn er sagte, in drei Tagen würde es besser, dann war es nach drei Tagen besser! Die Hausärzte damals hatten lange klinische Erfahrungen, ehe sie privat praktizierten.

Er half auch Frauen in Not. Er machte unentgeltlich nach medizinischer Indikation die damals in der DDR noch verbotenen Schwangerschaftsunterbrechungen. Es wurde in Zwickau erzählt, daß schließlich die Frau eines Polizisten zum dritten Mal zu ihm gekommen sei und er sich nunmehr geweigert habe. Daraufhin habe sie ihn angezeigt. Der Doktor konnte noch vor seiner Verhaftung nach Westberlin fliehen. Zwickau ohne Tröltzsch. Undenkbar. Das bedeutete Notstand in der Nordvorstadt.

Der Kreisarzt Dr. Gabler fuhr mit dem Segen der Partei und mit Frau Tröltzsch nach Westberlin, um ihn zurückzuholen. Die entsprechenden Organe sicherten ihm Straffreiheit zu, wenn er seine Praxis in der Leipziger Straße wieder öffne, denn es gab nicht genug Ärzte in der Stadt. Und er kam zurück.

In jenen Jahren behandelte man die Ärzte in der DDR teilweise wie rohe Eier. Einfach nur deshalb, damit sie nicht ins andere Deutschland gingen.

Die Haushaltshilfe der Familie mit dem schönen Namen Bringfriede sagte dem Doktor, nachdem er ihre Schwangerschaft festgestellt hatte: »Könne nich zwee'e draus machn, mein Mann möchde gerne Zwillinge!?«

Die Stammkneipe des Doktors war das »Bismarck«, das ehemalige Bier- und Speiselokal meines Großvaters. Bis weit in die fünfziger Jahre wurde es von den Gästen noch so genannt. Dort saß er mit Vertretern der unterschiedlichsten Schichten zusammen. Intellektuellen-Dünkel kannte er nicht. Aber selbst am Biertisch in der Gaststätte hatte er noch die Haltung wie am Schreibtisch seines Behandlungszimmers. Ich war froh, als ich eines Tages jenes Alter erreicht hatte, daß ich mit ihm an diesem Tisch beim Bier sitzen und über Gott und die Welt plaudern konnte.

Seine Töchter wurden Apothekenhelferin und Organistin. Ein Sohn von Johannes Tröltzsch ist Arzt, einer Seemann und einer Priester geworden. Tröltzsch war gläubig ohne Kirche. Einer seiner Sätze aus tiefster Überzeugung lautete: »Für mich gibt es keine hoffnungslosen Fälle!« Aber er wußte natürlich, daß seine Möglichkeiten beschränkt waren. In seinem Sprechzimmer hing ein Bild: ein Mensch, vom Tod umarmt. Als Kind betrachtete ich es immer mit gemischten Gefühlen, denn der Knochenmann war mir natürlich gar nicht geheuer.

Der Doktor war in Kollegenkreisen als bedeutender Diagnostiker anerkannt. Schrieb er eine Überweisung ins Heinrich-Braun-Krankenhaus aus, und die Ärzte lasen seinen Namen, dann konnten sie sich auf die Diagnose verlassen. Es laufen heute in Zwickau eine Menge Leute herum, die ihm ihr Leben verdanken.

Und auch ich habe von seiner besonderen Gabe profitiert. In den sechziger Jahren behandelte man mich in Leipzig wegen Schmerzen im Unterbauch. Die Diagnose lautete: Leberschaden. Ich mußte die gräßlichste Medizin meines Lebens schlucken. Sie schmeckte tausendmal schlimmer als Lebertran. Die Schmerzen hörten trotz dieses ekligen Medikaments nicht auf. Ich fuhr schließlich nach Zwickau zu »meinem Doktor«. Als ich ihm sagte, wie die Behandlung erfolgt war, zog er mir das untere Lid herunter, sah mir ins Auge, und meinte: »Du hast nichts mit der Leber.« Ich mußte mich hinlegen, und er drückte mit den Fingern auf verschiedene Stellen meines Bauches. Irgendwo schmerzte es.

Dann rief er seinen Kollegen Kühnel an, der eine private Chirurgische Klinik hatte. Dr. Kühnel pfiff leise eine Melodie vor sich hin, als er mich kurze Zeit später noch einmal untersuchte und sagte: »Kommen Sie morgen um sieben mit einem Kopfkissen.« Das mußte man dort mitbringen. Und so lag ich schon am nächsten Morgen auf dem OP-Tisch. Eine mir bekannte Diakonissin, die dort als Krankenschwester arbeitete, stellte mir nach der Operation ein kleines braunes Fläschlein auf den Nachttisch. Darin befand sich in Spiritus mein stark vereiterter Blinddarm!

Hätte »mein Doktor« das nicht erkannt, Sie könnten diesen Text über ihn gar nicht lesen.

Frühester Humor

Meine erste Erinnerung an die Besonderheit sächsischen Humors verbindet sich mit einem Gedicht. Darin ist etwas zu spüren von jenem Nonsens, der in diesem Landstrich mitunter blüht, von einem Witz, der etwas um die Ecke geht. Das Gedicht gehörte neben »Hänschen klein« und »Maikäfer flieg« zu den ersten gereimten Texten, die ich im Kopf hatte. Meine Mutter lehrte mich die Verse. Der Autor ist unbekannt. Der Volksmund ersann es im Königreich Sachsen, im Freistaat neuester Prägung habe ich es noch nicht wieder gehört.

Mein Freund Henry Bamberger in Los Angeles, der im Leipzig der dreißiger Jahre Heinrich hieß, bat mich nach vielen Jahrzehnten um diesen Text aus seiner Kindheit. Hier ist er für alle jungen und alten Kinder:

»Finster war's, der Mond schien helle
Auf die grünbeschneite Flur,
Als ein Wagen blitzeschnelle
Langsam um die Ecke fuhr.
Drinnen saßen stehend Leute
Schweigend ins Gespräch vertieft,
Als ein totgeschoßner Hase
Auf dem Wasser Schlittschuh lief.
Und ein blondgelockter Knabe
Mit kohlrabenschwarzem Haar
Auf die grüne Bank sich setzte,
Die gelb angestrichen war.«

Sitten

Es gab in den frühen fünfziger Jahren eine Menge Anachronistisches. Eine neue Zeit war angebrochen. Sozialismus und Kommunismus auf Schritt und Tritt. Stalinbilder als neue Heiligenbilder. Ehemalige Mitglieder der KPD hatten die Macht übernommen. Es regierten der Tischlergeselle Pieck und der Tischlergeselle Ulbricht.

Aber wir wurden von unseren Eltern noch aufgefordert: »Mach einen Diener!«

Und so senkte ich auf den sanften Befehl meinen Kopf vor den älteren Herrschaften als Zeichen des Respekts, während die Mädchen, zumeist unaufgefordert (weil sie immer eifriger und fleißiger als die Jungs waren), ihren Knicks machten, also dieses schnelle Einknicken in der Kniekehle, als hätte sie kurzzeitig eine kleine Schwäche im Gelenk übermannt.

Traf man im Haus Mitbewohner, war das Grüßen obligatorisch. Sollte man kindlich verträumt die Treppe emporgestiegen sein, konnte es passieren, daß Frau X oder Herr Y einen entsprechend erinnerte: »Na, Bernd, was haben wir denn vergessen?« So wurde der Gruß nachträglich eingefordert.

Besonders wichtig war jeglicher Respekt vor älteren und alten Menschen. Es war selbstverständlich, beiseite zu treten, wenn wir als Gruppe auf dem Fußweg standen, um jemandem Platz zu machen.

Wenn meiner Mutter irgendeine Verhaltensweise von mir oder meinen Freunden nicht gefiel, hörten wir die berühmte Frage: »Was sind denn das für Manieren!?«, oder es kam der fassungslose Ausruf: »Manieren sind das!«

Das Wort ist längst ausgestorben.

Auch das gab es noch in den fünfziger Jahren: ein Trauerjahr; vor allem, wenn bei Eheleuten der Partner gestorben war. Viele Frauen gingen ein ganzes Jahr in schwarzer Kleidung. Sie besuchten kein Kino oder Lustspiel, hätten sich vor Ablauf dieses Jahres nicht mit einem Mann in ein Kaffeehaus gesetzt.

»Das bleibt wohl nun immer so, daß du nur so dunkle Sachen anhast?« fragte ich als zwölfjähriger Junge meine Mutter. Vermutlich wirkte sie in dieser Kleidung auf mich bedrückend. Wegen »dem Gleen« hat sie dann ihre Kleidung aufgehellt.

Nach dem Tod meines Vaters hörten wir auch lange kein Radio. In der Wohnung war über Wochen eine besondere Stille, die mir unvergeßlich ist. Ein paar Tage ging ich nicht zur Schule. Ich hatte ein wenig »Bamml« vor dem Wiedersehen mit den Jungs aus der Klasse, fürchtete vielleicht, daß ich in Tränen ausbrechen würde, wenn ich sie nach dem mich tief bewegenden Ereignis wiedersehen würde. Ich erinnere mich, daß sie mich alle sehr ernst ansahen und besonders rücksichtsvoll mit mir umgingen.

Die Schule

Die Schule, die ich 1950 zum ersten Mal betrat, ähnelte vom Interieur her der alten Penne aus der »Feuerzangenbowle«.

Wir schrieben die ersten Buchstaben mit einem dünnen Schieferstift, zur Hälfte mit Papier umwickelt, auf die holzgerahmte Schiefertafel, auf der dünne rote Linien die Schriftzeilen vorgaben. Der Schwamm hing an einem Bindfaden an der Tafel und auf dem Schulweg aus dem Ranzen. In jenen Zeiten gab es durch den Nachkriegsmangel noch Pappranzen, doch meine Eltern hatten für mich einen alten aus Leder besorgen können. Wenn die Naht aufdrieselte, reparierte das der Sattlermeister.

Die hölzernen Schulbänke hatten oberhalb der Schreibfläche eine Öffnung, bedeckt von einem metallenen Deckel. Darunter verbarg sich das Tintenfaß; Lehrer oder Tintendienst-Schüler gingen mit einer großen Flasche durch die Bankreihen und füllten Tinte nach.

Als das erste Schuljahr ein Stück fortgeschritten war, schrieben wir mit dem Federhalter fein säuberlich in Hefte. Die Bänke waren natürlich voller Tintenflecke, die Löschblätter erst recht. Es machte auch Spaß, die Feder, gerade frisch mit Tinte getankt, an ein rosa Löschblatt zu halten und zuzuschauen, wie die dunkelblaue Flüssigkeit vom Papier aufgesogen wurde. Die kleinen Finger meiner Klassenkameraden waren immer mit Tinte beschmiert, meine ebenso. Wir gehören zu der Generation, wo der Tintenklecks im Schulleben eine besondere Rolle spielte: Der Klecks in einer Arbeit als Zeichen von Unachtsamkeit, als Zeichen des Versagens. Der Klecks drückte die Formzensur. Tinte ließ sich kaum radieren. Wer es mit Gewalt versuchte, riskierte, anschließend ein Loch in der Seite zu haben.

Sind Jahre vergangen, erlangen banale Dinge des Alltags von einst besondere Bedeutung. Tintenfäßchen zählen inzwischen zum Inventar von Antiquitätenläden und Flohmärkten.

Lesen können war eine völlig neue Erfahrung. Es hat mich fasziniert, auch außerhalb der Schule mehr und mehr entschlüsseln zu können. Schriftzüge an Läden oder Hauswänden. Am verbreitetsten waren die Buchstaben LS oder LSR: der Luftschutzraum!

Diese Buchstaben haben zumeist als nicht zu besiegende Inschrift die Jahrzehnte der DDR überdauert und verschwinden erst in diesen Jahren Stück für Stück im renovierten Land. Vielleicht sollte man einige LSR-Buchstaben zur Mahnung erhalten.

An Spray war damals nicht zu denken. Wer es sich traute, bemalte die Häuserwände mit Kreide. Manches Kind nahm ein Stück Kreide, hielt es an die Wand und lief los. In kleinen Wellen war dann der weiße oder farbige Strich zu sehen, und die Erwachsenen ermahnten uns streng: »Narrenhände beschmieren Tisch und Wände!«

Meine stärkste Erinnerung an das erste Schuljahr sind die Gerüche in den Räumen. Der geölte Holzfußboden, Schieferstaub, Kreide und Schwamm und schließlich im Keller die nach dem Krieg eingerichtete Schulküche, wo Frau Löffler, eine Hausbewohnerin aus der Hölderlinstraße, und andere Frauen einen Schlag süßen Grieß an uns austeilten. Auf dem Speiseplan wechselten Grieß und Graupen mit Kohlrabistückchen einander ab. Wir haben über den Speisezettel nie gemurrt, weil wir Hunger noch kannten. Im Keller der Schule saßen wir an langen Tischen. Wie die anderen besaß ich ein »Alu-Töppel«, das aus ehemaligem Kriegsgerät hergestellt worden war und das wir jeden Tag mit in die Schule nahmen. Später gab es dann weiße Schüsseln.

Als ich wegen dieses Buches meinen alten Schulweg abschritt, amüsierte mich der immer noch existierende Schriftzug an einer Hauswand: G. Wintermann, Brennstoffe. Der Mann trug wirklich den Namen nach der Tat.

Als ich durch den Haupteingang im Poetenweg das Schulgebäude betreten wollte, war der inzwischen zugemauert, und auf den roten Ziegeln hatte man eine Tafel angebracht. Zu meiner großen Verwunderung entdeckte ich einen Davidstern und hebräische Buchstaben. Die deutsche Übersetzung lautete:

»Die Erinnerung an Euch ist uns kostbar.«

Was hatte sich in jenem Haus einmal ereignet, das ich 1950 mit der Zuckertüte im Arm betrat?

»Von hier aus wurden während der nationalsozialistischen Gewaltherrschaft unschuldige Menschen – vor allem jüdische Bürgerinnen und Bürger – deportiert, in Konzentrationslager verschleppt, ermordet.

In diesem Gebäude befand sich von 1935 bis 1950 das Polizeipräsidium.«

Davon hatten wir nie gehört. Erst 1988 wurde eine Gedenktafel enthüllt, die das vermerkte. Hatte ich also meine Grießsuppe im Keller in jenem Raum gelöffelt, in dem die jüdischen Zwickauer vor der Deportation gesessen hatten?

An die Kastanie im Hof habe ich mich sofort erinnert, auch die Jugendstil-Waschbecken im Schulflur und die Steinfliesen waren mir gleich wieder vertraut.

Ich wurde noch in der Georgenschule eingeschult, die dann aber in Alfred-Leuschke-Schule umbenannt wurde. Ich wurde Junger Pionier. Bei den Pionieren ging es schon vor Gründung der Nationalen Volksarmee militärisch zu. Im Schulhof fanden Fahnenappelle statt. »Pioniere stillgestanden!« Dann mußten wir nach links schauen, auch wenn die Leute eigentlich rechts standen, und irgend jemandem wurde irgend etwas gemeldet. Der oberste Pioniermensch begrüßte uns mit »Für Frieden und Völkerfreundschaft: Seid bereit!«.

»Immer bereit!«

»Pioniere rührt euch!«

Dann knickten wir mit unseren kurzen Beinen etwas ein und guckten, nach der völligen Konzentration auf den Pioniergruß, wieder entspannter über den Hof. Erwachsene, die die DDR nicht gerade über alle Maßen liebten, erinnerte das Zeremoniell natürlich an das eben untergegangene Reich. Die schwarzen Halstücher waren von blauen und roten abgelöst worden. An den weißen Hemden der Pioniere signalisierten rote Streifen die entsprechenden Funktionen: Der Vorsitzende des Freundschaftrates hatte drei davon, Mitglieder des Freundschaftsrates und die Vorsitzenden der Gruppenräte bekamen zwei, die Mitglieder der Gruppenräte und die Zirkelleiter einen. Ich besaß nur ein Halstuch, kein Pionierhemd, das Tuch wurde aber auch an normalen Hemden geduldet. In meinem Pionierausweis ist zu lesen: »Ich wünsche der deutschen Jugend, dem aktiven Erbauer des einheitlichen, demokratischen und friedliebenden Deutschland, neue Erfolge bei diesem großen Werk.«

Dagegen ist nichts einzuwenden, und seit 1989 gilt der Satz sogar. Aber Stalin hätte seinerzeit nicht daran gedacht, daß er erst in den neunziger Jahren wieder einen Sinn bekommen würde ...

In den ersten Schuljahren war ich mit Elan Pionier. Ja, ich wäre damals am liebsten mit den blauen Fahnen nach Berlin gezogen! Zu den III. Weltfestspielen der Jugend und Studenten für den Frieden im August 1951.

»Die deutsche Jugend grüßt Generalissimus Stalin als den Führer und Lehrer der unbesiegbaren Weltfriedensbewegung; er ist das Vorbild im Kampf um das höchste Gut der Menschheit, den Frieden. Alle friedliebenden Menschen im Alter von 12 bis 30 Jahren unterzeichnen die Grußbotschaft an Generalissimus Stalin.«

Wie schade, ich war gerade sieben geworden und kam für eine Unterschrift nicht in Frage! »Die Jugend des Kreises Zwickau verspricht dem großen Stalin, mutig und kühn den Frieden an der Seite der mächtigen Sowjetunion bis zum Äußersten zu verteidigen.«

Was war das Äußerste?

Ob Stalin jemals etwas von den mutigen Zwickauer Jugendlichen erfuhr?

Damals wurde das Wort »Jugend« unentwegt im Munde geführt. Binsenweisheiten fanden sich auf Transparenten: »Die Zukunft gehört der Jugend!« Daß sie nicht den Veteranen in den Altersheimen gehörte, war ja wohl klar. In einem Lied hieß es: »Wir sind jung, die Welt steht offen!« Vom Sinn dieses Satzes machten Tausende auf andere Art Gebrauch, bis zum Mauerbau im Jahre 1961 nahmen sie den Inhalt für bare Münze und wechselten ins andere Deutschland.

Nachdem ich das erste Schuljahr mit gebremster Freude geschafft hatte – ich hätte lieber noch ein Jahr durchgespielt –, war ich gern Schulkind. Eine Aufgabe bewältigte ich allerdings nicht. Wir mußten aus Papier eine kleine Windmühle basteln. Ich kriegte und kriegte das Ding nicht hin, und schließlich hat sich meine Mutter erbarmt. Mir hat die kleine Bastelei von ihr gefallen, aber meine Lehrerin honorierte ihr Werk nur mit einer Drei. Das fand ich ungerecht!

Benutzten wir als Knaben und Mädchen noch die beiden getrennten Eingänge in meiner Schule? Hier läßt mich meine Erinnerung im Stich, aber wir waren sowieso eine reine Jungenklasse. Das blieben wir – mit Ausnahme eines kleinen Intermezzos – bis zum 10. Schuljahr, was ich spätestens so ab dem 14. Lebensjahr sehr bedauerte ...

Wir Jungs haben uns in der Klasse von Anfang an gut verstanden. Es gab vielleicht kleine Anrempeleien, aber nie eine Prügelei. Der Höhepunkt an frühem Terror der Abc-Schützen gegenüber Kindern, die versagt oder anderweitig Unsinn verzapft hatten, war dies: Man zeigte mit dem linken Zeigefinger auf den Missetäter und strich mit dem rechten Zeigefinger in Kreuzform über den linken von hinten nach vorn. Dabei rief man die zwei vernichtenden Wörter: »Zisch aus! Zisch aus!« Das tat innerlich weh. Wenn wir in späteren Jahren mit jemandem nichts zu tun haben wollten oder uns jemand regelrecht auf den Senkel ging, dann lag der höchste Ausdruck von Aggression in Sätzen wie: »Verzieh dich!« oder »Zieh Leine! Friß Klammern!« Wenn einer zum Angeben neigte, wehrten wir ihn ab mit: »Brannze nich so rum!« Einen Prahlhans nannten wir »Branzorr«.

Gerieten sich zwei wirklich einmal in die Wolle, dann gab es den legendären Schwitzkasten, wo einer den rechten Arm um den Hals des anderen legte und ihn »schwitzen« ließ. Wenn der Drangsalierte aufgab, war Ruhe. Versöhnung wurde oft noch mit Handschlag besiegelt, ein Dritter schlug diesen als Zeuge durch.

Der Handschlag galt auch bei Wetten. Das war sozusagen ein Ehrenkodex für Kinder.

Die Namen von drei Berühmtheiten zogen wir Kinder gern als Vergleich heran. Wenn einer wirre Sachen mit Kreide auf die Straße kritzelte, hieß es: »Der malt wie Picasso.« Dessen Friedenstaube sahen wir in den fünfziger Jahren täglich: an Wandzeitungen, auf Fähnchen zum Ersten Mai, in der Zeitung. Aber wir wußten auch um seine abstrakten Bilder, und so wurde alles damit charakterisiert, was sich dem Betrachter nicht auf den ersten Blick erschloß. Wenn jemand schnell laufen konnte, sagten wir: »Der rennt wie Zatopek.« Der tschechische Läufer war damals der schnellste Europäer.

Und wenn jemand eifrig arbeitete, dann hieß es: »Der arbeitet wie Hennecke.«

Waren die Ferien vorbei, zählte ich nicht zu denen, die sich mit Horror dem Schulhaus näherten. Es gab auch eine gesunde Neugier, vor allem auf die neuen Schulbücher der Fächer, die ich mochte: also Literatur und Geschichte.

Im Winter verhalf uns der chronische Energiemangel der jungen Republik manchmal zu freien Tagen. »Kältefrei« hieß das Zauberwort. Wenn sich die Temperaturen im Klassenzimmer an einem Grenzwert befanden, halfen wir bei steigender Keßheit auch ein wenig nach und legten das Zimmerthermometer in der Pause auf die frostige Fensterbank.

Nach dem Klingeln offerierten wir unserem Lehrer die Zahl, die das Quecksilber anzeigte, und verschafften uns dadurch ein paar freie Stunden zum Schlittenfahren!

Vor den Sommerferien hieß es dann im Gegensatz dazu: Hitzefrei. Auch das nahmen wir dankbar an.

Mit dem 4. Schuljahr kam ich in die Alexander-Puschkin-Oberschule am Zwickauer Neumarkt, die bis 1948 noch Bose-Römer-Schule geheißen hatte. Der Architekt muß auf Gefängnisbauten im kaiserlichen Deutschland spezialisiert gewesen sein – es war düster darin wie im Knast. Zum Glück waren die meisten Lehrer besser, als man das gewöhnlich von Gefängnisaufsehern erzählt.

Die Türen der alten Schule hatten noch schöne verschnörkelte Klinken. Wir haben einmal vor dem ungeliebten Mathematikunterricht eine solch große Tür ausgehängt, angelehnt und einen Zettel daran befestigt: »Die Tür ist krank!« Wie soll ein logisch denkender Mathematik-Lehrer auf solch eine Information reagieren? Fassungslos. Da war weder mit den Grundrechenarten noch mit Pythagoras etwas zu machen. Er schaute ungläubig auf den Zettel, auf die Tür und – holte sich Verstärkung durch unseren Klassenlehrer. Der befand sinngemäß, nicht die Tür sei krank, sondern wir wären wohl nicht ganz gesund.

Mathematik mochte ich gar nicht. Mir träumte einmal, das Fach wäre verboten worden und alle Lehrer, die es lehrten, wären verhaftet worden. Was für ein schöner Traum!

Als wir naturwissenschaftliche Fächer bekamen, merkte ich sehr schnell, daß mich die beim besten Willen nicht interessieren. Wie schnell oder wie langsam sich irgendeine Welle ausbreitete, war mir völlig schnuppe! Das verfolgte ich genauso gleichgültig wie die Lösung von Rechenaufgaben oder das Ableiten chemischer Formeln. Ich wußte schon damals, daß ich das nie im Leben brauchen würde, und das Leben hat mir recht gegeben!

Das Schlimmste, was damals in unseren Ranzen gefunden werden konnte, war ein Comic mit dem Reaktionär Donald Duck. So etwas wurde natürlich sofort konfisziert, was peinliche Folgen hatte, wenn es einem gar nicht gehörte. Aber da gab es kein Pardon!

Abwechslungen im Schulalltag waren äußerst selten. Ich kann mich an eine Theateraufführung in der Turnhalle erinnern – ein Stück von Hans Sachs – und an die Vorführung von Glasbläsereien aus Lauscha. Schrecklich langweilig. Giraffen und Hündchen aus Glas und vor allem – künstliche Augen. Wie die einen ansahen: gruslig.

Aber in jenen Jahren gab es natürlich viele Männer, die nach schweren Verwundungen im Krieg auf künstliche Augen aus Lauscha angewiesen waren. Wir sahen in unserer Kindheit überhaupt viele Kriegskrüppel, die sich mühsam vorwärts bewegten. Auch die schwarzbraunen künstlichen Lederhände mancher Männer flößten uns Respekt ein.

Kinder mit Brillen waren oft dem Spott der anderen ausgesetzt. Ich kann mir nicht erklären, warum. Aber wer so ein »Nasenfahrrad« trug, wurde damals gern belächelt. Die Mädchen nannte man »Brillenschlange« und reimte »Eene mit ner Brille, das is mei letzter Wille«. Eine Brille galt unter Kindern als Kuriosum – das war etwas für alte Leute. Anders verhielten wir uns zu jenen Kindern, an deren Beinen Metallschienen mit entsprechenden Scharnieren befestigt waren. Sie litten, das wußten wir, an den Folgen der »Spinalen Kinderlähmung«. Glücklicherweise zählten wir dann zu jener Generation, die durch die beginnende Schluckimpfung davon verschont blieb.

Ich glaube, Stotterer gab es damals in den Schulklassen auch noch öfter. Einer meiner Mitschüler stotterte sofort vor Aufregung los, wenn er aufgerufen worden war. Bekam nichts raus außer: »Dammisch, Mensch, Dammisch, Mensch.« Das Fluchen war damals unter den Kindern noch sehr verbreitet – das »Goddverdammisch« hörte ich nahezu täglich. Als treuer Besucher des Kindergottesdienstes war mir das immer unangenehm.

1958, im Jahr meiner Konfirmation, hatte man keine Chance, ohne die vom Staat verordnete Jugendweihe die Oberschule zu besuchen. In diesem Jahr wurde ein deutsches Verb geboren, das bald wieder der Vergessenheit anheimfiel. Es ließen sich Kinder »nachjugendweihen«, die via Abitur ein anderes Leben anpeilten.

Ein schönes Beispiel für sächsische Pfiffigkeit ist die Empfehlung einer Mutter an die Tochter, die Gewissensprobleme mit dem Gelöbnis zur Jugendweihe hatte. Die Mutter beruhigte sie mit dem Tip: »Da sagst du eben statt ›Ja, das geloben wir!‹ einfach ›Ja, das gloobn wir!‹.«

Wenn das nicht »helle« zu nennen ist!

Der Namensgeber der Schule, die ich besuchte, Alexander Puschkin, schrieb einmal:

> »Der Schulzeit denk' ich oft,
> der Kinderzeit,
> der sorglosen Gefährten auch,
> der vielen.
> Verschieden zwar,
> doch gleich an Fröhlichkeit.«

Das kann ich nur unterstreichen. Wir waren sorglos und fröhlich.

Auch inmitten einer Diktatur. Natürlich ging es da und dort nicht ohne ein mulmiges Gefühl ab.

Puschkin starb 1837 an den Folgen eines ihm aufgezwungenen Duells.

Wir haben die uns aufgezwungenen Duelle mit allen Lehrern überlebt.

*

Mein erstes Schulbuch hieß »Lesen und lernen« und stammte aus dem Volk und Wissen Verlag, Berlin/Leipzig 1950. Die schönen Illustrationen der Fibel hat Hans Baltzer gezeichnet. Er war einer der besten Buch-Illustratoren der DDR. Baltzer gab jene Zeit präzis wieder. Im Buch war ein kleiner Junge zu sehen, dem die Oma gerade beim Anziehen half. Und Baltzer hat sie in der Zeichnung nicht vergessen: die langen Strümpfe mit dem Leibchen! Er hielt selbst Details fest: daß zum Beispiel die Strümpfe an jener Stelle, an der sie am Strumpfhalter festgemacht wurden, durch die Spannung der Bänder immer ein Stück höher gezogen wurden.

Die ersten Frauen in meinem Leben, deren Namen ich lesen konnte, hießen OMA, MAMA, MIMI und LILO.

In diesem Schulbuch, in meiner Fibel, wurde gar nicht prononciert von der DDR gesprochen. Zwar vollbrachten die Jungen Pioniere schon ihre guten Taten, aber die Fragen lauteten noch:

»In welchem Lande lebst du?

Welche Stadt ist die Hauptstadt von Deutschland?

Und welche ist die deutsche Fahne?«

Obwohl wir in der DDR lebten, hieß es noch »Deutschland ist unser Vaterland«. Im Quellenverzeichnis meines ersten Schulbuches finden sich viele Bücher aus den zwanziger Jahren.

Vom ersten Schuljahr ist mir vor allem ein Lied haftengeblieben. Der Refrain lautet:

»Wer will fleißige Handwerker sehn, der soll mal zu uns hergehn!«

Die kurzen Strophen gefielen mir:

»Stein auf Stein, Stein auf Stein!
Das Häuschen wird bald fertig sein.«

Nach der Aufforderung von Fräulein Schwalbe hüpften wir aus der Bank und zeigten pantomimisch die Arbeit mit einem Hobel, einem Pinsel und einem Hammer.

Aber so nett und harmlos blieb es nicht. Frühzeitig wurden wir ideologisch geimpft, der kalte Krieg wetterleuchtet auch aus den Büchern der ersten Schuljahre: »Als Freundesgruß kamen aus der Sowjetunion die ersten Mähdrescher in die DDR. Die USA schicken nach Westdeutschland Atomkanonen.«

Da mußte man doch einfach die Sowjetunion lieben, wenn die Amis so bös waren!

Es schien logisch, daß es für die sowjetischen Kinder nur gut war, wenn es keine Fabrikherren und Gutsbesitzer mehr gab. Die Fabriken und das Land, die Wiesen und die Wälder gehörten nun dem Volk. Alle hatten genug zu essen.

Die früheren Herrenhäuser wurden Kinderheime und Pionierpaläste. So einfach, so einleuchtend war das! Und alle Kinder waren glücklich.

Wer wollte das nicht!?

So sollte es auch in der DDR und in Westdeutschland sein, aber jenseits der Grenze hatten leider noch die alten Fabrikherren und Gutsbesitzer das Sagen. Wir in der DDR dagegen hatten es geschafft: Die Pioniere und die Republik waren eins.

Walter Stranka dichtete:

> »... Die junge Republik soll leben!
> Sie trägt der Zukunft lichtes Kleid.
> Der Pioniere Herz und Hände
> sind ihr, der sonnigen, geweiht.
>
> Sie kam und kämpfte mit Ruinen,
> sie sät und baut an jedem Ort.
> Sie kam, um ihrem Volk zu dienen,
> gegrüßt durch Stalins weises Wort ...«

Inbegriff jeglichen Fortschritts waren Maschinen und Fahrzeuge. »MAS« – die drei Buchstaben standen dafür auf dem Lande. Maschinen-Ausleihstation hieß das und bedeutete: Überall wurde schwere Arbeit durch Maschinen ersetzt. Es gab neue Berufsbezeichnungen, die aus dem Russischen übernommen wurden: zum Beispiel »Traktorist«.

> »Mein Bruder ist ein Traktorist
> in einem Dorf in Sachsen,
> er leistet, was nur möglich ist,
> damit die Halme wachsen.
>
> Mit seinem Traktor rattert er
> aufs Feld hinaus zum Pflügen,
> und ist die Arbeit noch so schwer,
> ihm macht sie doch Vergnügen.

> Er rechnet oft und überlegt:
> Kann ich's noch besser machen?
> Und wie er seinen Traktor pflegt –
> das Herz kann einem lachen!
>
> Er kämpft dafür, daß Frieden ist,
> mit starken Eisenpferden.
> Mein Bruder ist ein Aktivist! –
> Und ich will einer werden.«

Das war also auch der neuen Zeit zu danken, daß Traktoren die Arbeit übernahmen, die früher von Menschenhand geleistet werden mußte. Zu erfahren, daß es vor dem Krieg auch schon Traktoren gegeben hatte, hätte uns gewundert.

Das 1952 erschienene Lesebuch für das 4. Schuljahr begann mit 37 Seiten »Von Arbeit und Lebensfreude in unserer DDR«. Von Seite 40 bis 62 wurde »Aus anderen Ländern« berichtet: Ost gut, West schlecht. »Von Kämpfern für Frieden und Fortschritt« wurde auf dreizehn Seiten erzählt, dann folgten endlich Berichte über die Natur, Erzählungen und Märchen.

In den populärwissenschaftlichen Büchern der fünfziger Jahre wurde das Leben in der DDR im Jahr 2000 genau geschildert. Die Zeichnungen begeisterten uns. Wir Kinder träumten von den Linientaxis zum Mond und bestaunten die künstlichen Sonnen, die des Nachts die großen Städte bescheinen würden. Eine neue Lieblingsbeschäftigung für die ganze Familie war das Unterwasserwandern. Ganz so ist es nun doch nicht gekommen. Das Wasser hat uns nur manchmal bis zum Hals gestanden.

*

Die Lehrer waren, wie bei jeder Generation, von sehr unterschiedlicher Güte. Es gab in meiner Schule Neulehrer, die im Schnellverfahren ausgebildet worden waren, und alte Lehrer, die entsprechende Überprüfungen überstanden hatten oder durch schnelle ideologische Drehungen wieder in den Schuldienst gekommen – entnazifiziert – waren. Das klingt wie desinfiziert, und da ist auch etwas dran: schließlich mußte ein Bazillus vernichtet werden.

Mein erster Klassenlehrer hieß Herr Heinze, und ich glaubte ihm blindlings alles. »Der Herr Heinze hat gesagt ...« wurde in unserer Familie humorvoll zitiert. Von ihm hörten wir Kinder zum ersten Mal den Begriff KZ und von dem, was dort passiert war. Herr Heinze hatte dabei Tränen in den Augen. Er war ein gutmütiger Mensch. Sein Gesicht ähnelte dem eines Liliputaners, den ich in Zwickau kannte. Es war ganz faltig und zerfurcht.

Fräulein Sch. machte mich etwas beklommen. Nicht wegen ihrer Strenge, sondern weil sie ständig mit dem Kopf und dem Unterkiefer wackelte. Sie gab ausgerechnet Musik und sang uns mit von ihr nicht zu kontrollierenden Bewegungen vor. Aber wir lachten nicht, denn wir wußten: sie war verschüttet gewesen. In einer Bombennacht hatte sie einen Schock bekommen. Trotzdem gab es einige, die sie respektlos »Hechtgusche« nannten, weil sie beim Singen ihren Mund wie ein Fisch spitzte.

Regelrechte Angst hatten wir ABC-Schützen vor unserem Direktor K., feistes Gesicht, schwarzes, nach hinten gekämmtes Haar. K. stand am Morgen manchmal auf dem Gang, und wehe dem, der aus der Reihe tanzte oder gar zu spät kam! Er schrie selbst die Kleinsten an. Ein brutaler Mensch. Den konnte ich mir gut als Aufseher in so einem KZ vorstellen, von dem Herr Heinze erzählt hatte.

Fräulein Förster, eine kleine Frau, hinkte. Sie gab Religionsunterricht. Das war in den Anfangsjahren der DDR tatsächlich noch in der Schule möglich. Aber Fräulein Förster hinkte aus der Sicht der Genossen auch der Zeit hinterher, und so wurde ihr Unterrichtsfach bald abgeschafft.

Der tragischste Typ, dem ich in meinen späteren Schuljahren begegnete, war der Musiklehrer S. Er versuchte sich immer wieder, ohne Erfolg, Respekt zu verschaffen, indem er unentwegt Einträge ins Klassenbuch androhte. Wenn das Schwatzen und die Unruhe in seinem Unterricht einen gewissen Lärmpegel überschritten hatte, kündigte er an: »So! So! Jetzt geht's los! So! Hier ist das Klassenbuch!« Er nahm es, stellte seinen Fuß auf einen Stuhl, legte das Buch über den rechten Schenkel und drohte mit dem Stift. »So, wer ist der erste? Jetzt geht's los, jetzt schreib ich einen Eintrag ins Klassenbuch!«

Und dabei blieb es zumeist.

Unser Turnlehrer Matthes war ein freundlicher Mensch. Schon etwas älter. Er lächelte milde, wenn wir zur Begrüßung auf sein »Sport!« nicht mit »Frei!«, sondern in gemeinsamer Absprache mit »Keks!« antworteten. Zwar war ich keine Sportkoryphäe, doch errang ich immerhin in einer Disziplin Lorbeeren: beim Klettern an der Stange. Ich hatte Armkraft und war deshalb auch am Barren recht gut. Selbst am Reck bot ich passable Umschwünge und Kniewellen. Ich konnte mir bloß nicht klarmachen, wozu der Mensch in seinem Leben eine Kniewelle vollführen muß!

Erbärmlich war meine Grazie beim Bodenturnen auf den staubigen Matten. Beim Bockspringen flog ich einmal über das Gerät, und seitdem stand das Ding auf meiner Hitliste nicht mehr sehr weit oben. Aber während mein Freund Rudi den Bock nur sanft von vorn ansprang und mit unglücklichem Gesicht zum Ausgangspunkt zurücktrottete, saß ich wenigstens noch oben drauf. Die Hocke über den Kasten habe ich gar nicht erst probiert. Ich sprang nie gern. Auch der Zehn-Meter-Turm im 04-Bad erlebte mich nur als einen, der von dort oben die Aussicht genoß. Ich konnte ganz passabel Volleyball spielen, meine Angaben brachten Punkte, und ich konnte auch einigermaßen laufen. Deshalb gelang sogar die Teilnahme am Staffellauf »Rund um den Schwanenteich«. Ich hatte schon am Vorabend Angst, diesen blöden Holzstab bei der Übergabe nicht ordentlich zu fassen, was mir aber dann doch einigermaßen gelang.

Einer der widerwärtigsten Lehrer an unserer Schule war der Genosse W. Er hatte eine spitze Nase, ein spitzes Gesicht, und seine Sätze stachen mitunter auch. Da ich 1958 nach Beendigung der Grundschule ohne Jugendweihe keine Chance hatte, auf die Oberschule zu kommen, besuchte ich die sogenannte Zehn-Jahres-Schule. W. betrat das Klassenzimmer. »Ich rate allen Schülern, die keine Jugendweihe haben, aber auf die Zehn-Jahres-Schule wollen, zumindest schnellstens in die Gesellschaft für Deutsch-Sowjetische Freundschaft einzutreten!«

So wurde ich deren Mitglied.

Herr Rüdiger kam mit einem abgewetzten Berufsmantel in den Unterricht. Er gab Mathematik und verdeutlichte uns unser Nichtkönnen wenigstens auf freundliche Weise. Ich zählte zu seiner Herde begnadeter mathematischer Rindviecher. Als ich einmal an der Wandtafel mit der Kreide rechnerischen Schwachsinn produzierte, ließ sich Herr Rüdiger, in gespieltem Entsetzen, auf den Stuhl fallen und fiepte in seinem unüberhörbaren Sächsisch: »Sannidähdor! Sannidähdor!«

Wolfgang »Wibbel« Wirth ließ sich nicht lange bitten, stürmte nach vorn, nahm sein Taschentuch und wedelte ihm Luft zu. Beim Anblick des schon längere Zeit benutzten Stofflappens kam Rüdiger schnell wieder auf die Beine.

Chemie mochte ich nicht. Einmal mußte ich beim Chemielehrer, er war so farblos wie ein Gas, nicht mal seinen Namen weiß ich noch, die Namen diverser Gase aufsagen.

Wozu lernt ein Mensch diese Dinge?

Ich war an dem Tag heiter gestimmt und antwortete: »Ethan, Methan, Propan, Butan, Satan«, und mußte in der Ecke stehen. Pädagogische Glanzlichter! Als ob uns das irgendwie hätte beeindrucken können!

Teilweise betrieben wir in der Pause gefährliche Spiele. Zum Beispiel das Rot-Front-Spiel. Wir illustrierten auf unsere Art Geschichte: Das Spiel begann damit, daß Härdler in der Pause still in seiner Bank saß und plötzlich »Rot Front!« rief. Das war das Zeichen für Hecht und Böhm, die in der kommenden Szene SA-Leute darstellten. Sie verhafteten Härdler und nahmen ihn in den Schwitzkasten. Damit keine falschen Gedanken aufkommen: keiner von uns hegte nazistische oder kommunistische Sympathien, und solche Spielereien hätten damals durchaus unglücklich ausgehen können. Wir hatten Glück! Härdler hat es trotz Schwitzkasten zum Professor gebracht, Hecht übernahm den väterlichen Laden und verkauft heute alle Farben dieser Welt, Böhm wurde sogar nach 1989 Schuldirektor.

Keiner in unserer Klasse hätte je etwas gepetzt. Es ist unvorstellbar, aber es gab in der Klasse niemanden, der ideologisch fest auf dem Boden der DDR gestanden hätte. Wir nahmen die politischen Parolen nicht ernst, waren aber auch nicht ausgesprochen »westverrückt«, wir waren in erster Linie junge Burschen, deren Heimatstadt Zwickau zufällig im Osten lag und die sich mit Spiel und Humor ihre Jugend verschönten und manchen Streich aushecken. So mit Z., er gab Physik. Ein muffliger Typ. Unbeliebt wegen seiner Humorlosigkeit. Der Berufskittel spannte über seinem Bauch.

Einmal verzweifelte er fast bei einem Experiment, das er uns vorführte. Es wollte und wollte nicht gelingen. Er bastelte an einem Gerät herum. Nichts. Wir schauten interessiert zu, gaben gute Ratschläge, schließlich, kurz vor der Pause, den besten: Ob für diesen Versuch vielleicht Strom benötigt würde. Einer von uns hatte heimlich den Stecker gezogen.

In der größten Erregung vermochte Z. seine sozialistische Erziehungsfunktion völlig außer acht lassen, und so schrie er einmal den undisziplinierten Übeltäter an: »Ich schlaache dich zu Boden, Lauseräddich, elender!!!«

Am meisten konnten wir ihn aufbringen, wenn er witterte, daß jemand eine Wasserpistole im Unterricht bei sich hatte. Wir nutzten seine Aufregung in solchen Momenten weidlich aus, indem ein Schüler, ohne daß es das kleinste Spritzerchen gegeben hatte, plötzlich mitten im Unterricht rief: »Eh, hör mit der Spritzerei auf!«

In seiner namenlosen Wut sah Z. nicht, daß alles auf den Bänken völlig trocken war, er raste durch den Raum. »Wo? Wer? Wo ist die Wasserpistole!? Wer hat gespritzt!?«

Ich hatte immer das Gefühl, Z. mochte Schüler nicht leiden, und wir haben ihm dieses Gefühl zurückgegeben.

Einmal überraschte er uns mit einer bildhaften Darstellung: »Was ist Adhäsion?« Keiner hatte den Hauch einer Ahnung. Z. nahm ein Glas Wasser und schüttete es an den Ölsockel des Physikzimmers. Adhäsion war also die Haftkraft, die Anziehung!

Unvergessen bei älteren Semestern in Zwickau ist »Mons«. Das war d e r Typ aus der »Feuerzangenbowle«: Dr. Dr. Bergk.

Ich hatte die Ehre, den legendären »Mons« noch später, in der Abendoberschule, kennenzulernen. Seine Lehrer-Haltung hatte schon etwas, das einen zwanghaft zu ihm hinsehen ließ. Eine Hand, oft als Blickfang nach oben weisend, wenn die Merksätze kamen, den Mund gespitzt. Der gab oft in schneller Folge leicht schmatzende Geräusche von sich. »Mons« wirkte bei den Merksätzen regelrecht aufgeplustert und erinnerte mich immer etwas an einen Uhu. Vielleicht durch seine buschigen Augenbrauen. Einmal erwischte er mich beim Spicken. Seine wachsamen Augen hatten das Heft unter der Bank erspäht. Also schoß der Uhu auf die arme Maus herunter, schaute mich in einer Mischung von böse und erschüttert an, riß das Heft unter der Bank an sich und warf mir beim Gang zum Pult noch einmal einen bitter enttäuschten Blick in der Art zu: Daß Sie so etwas machen!

Nie sah ich ihn ohne Anzug, Schlips, Uhrenkette an der Weste. Einmal, nach dem Abitur, war er in der Buchhandlung, in der ich arbeitete. Fern der Würde des Klassenzimmers begegnete ich einem verlegenen und zurückhaltenden Mann. Er lächelte milde, fragte dies und das, und ich habe ihn mit etwas Wehmut betrachtet, weil mir klar war, daß ich mit einer Legende sprach, die es so nicht wieder geben würde.

Ich kann mir vorstellen, daß er ein sehr ängstlicher Mensch war und auch vor den Schülern etwas Angst hatte. Er hatte eine liebenswürdige Verschrobenheit. Verbürgt soll die Geschichte von einem Schüler sein, der die Stimme des Direktors nachahmen konnte und ihn nachts angerufen habe: »Die Schule brennt! Kommen Sie sofort löschen!« Man sagt, Mons sei gekommen.

Mons war garantiert ein As auf dem Gebiet der Physik, Chemie und Mathematik, aber eben aus einer alten Penne der Wilhelminischen Ära in die sozialistische Schule gekommen. Dadurch wirkte er zwischen den Neulehrern wie angeputzt. Bei ihm war noch ein Hauch des alten Universal-Gelehrten zu spüren. Sein berühmter Satz, mit den ihn Generationen von Schülern zitierten, hieß: »Meine Damen und Herrn, stellen Sie sich vor ...«, dann kam das Beispiel.

»Stellen Sie sich vor, ich bin eine Flasche.« Glucksendes Lachen. Einmal sagte er: »Stellen Sie sich vor, ich bin eine Pfeife.« Alles lachte. Mons fragte ein Mädchen in der ersten Reihe, die besonders kicherte: »Fräulein Müller, ich versteh nicht, was es da zu lachen gibt – haben Sie noch nie eine Pfeife gesehen!?«

Die Klasse tobte.

Einmal referierte er über die Zusammensetzung der Luft. »In der Luft gibt es also Sauerstoff, Stickstoff ... Kohlenstoff. Kohlenstoff!? Aha! Da könnte ich also abends meinen Sack zum Fenster hinaushängen und habe am nächsten Morgen Kohlen drin!?«

Hartnäckig hielt sich in Zwickau das Gerücht, daß Schüler, die ihm beim Umzug halfen, die Briketts numeriert im Keller vorgefunden hätten. Ein Mann wie Mons bietet eben Stoff für Legenden! Das frappierende an seiner Methode des Unterrichtens war, daß die Bildhaftigkeit von größtem pädagogischem Erfolg gekrönt wurde.

Mons erklärte den elektrischen Strom. Er lief in gleichmäßigen und in wechselhaften Schritten vor dem Pult auf und ab. Da sahen die Schüler ihn leibhaftig vor sich – den Gleich- und den Wechselstrom!

»Stellen Sie sich vor ... ich bin eine Welle!« Der uhuhafte Dr. Dr. Berg blickte ernst auf einen Punkt und wurde zur Welle. Seine Arme schwebten auf und ab und ahmten die Bewegung des Wassers nach. Langsam rollte die Welle Mons in Richtung Wand, kein Zucken im Gesicht. Das war nicht als Spaß gedacht. Mons konzentrierte sich auf seine Darstellung. Nur als er an der Wand angekommen war, kurz daran klebte, stieg er aus seiner Wellenrolle aus und sagte – nun wieder als Lehrer: »Und werde reflektiert!« Dies war das Signal, daß Mons als Welle zur Ausgangsstelle zurückwogte. Das war Anschauungsunterricht, Überzeugungskraft durch das Detail. Die Präzision war hart erarbeitet.

Bei jedem Klassentreffen lebt Mons weiter: »Wißt ihr noch! Mons: ›Stellen Sie sich vor, ich bin eine Luftpumpe – ich drücke oben drauf‹ – Mons ging in die Knie –, ›und unten kommt die Luft raus!‹«

Einmal soll er in den frühen DDR-Jahren ganz ernst gesagt haben: »Wer schwatzt, stört die Ruhe. Wer die Ruhe stört, macht sich zum Kriegstreiber!«

Hatte Mons vielleicht sogar einen doppelbödigen Humor?

*

Einer der beliebtesten Lehrer in meiner Schule war Herr Jacob. Ich sehe ihn noch vor mir, wie er die Straße entlangkommt. Eine alte Ledertasche am Riemen über der Schulter, lief er über die Bierbrücke zum Trillerberg. Er ist einer der wenigen Lehrer, die ich lächelnd in Erinnerung habe. Die Anfänge seiner Stunden waren immer spannend, immer voller Humor. Ich erinnere mich, wie er einmal, mit der aufgeschlagenen Zeitung in den Händen, lesend hereinkam und langsam den Gang entlanglief. Er setzte sich hinter das Pult und las Nachrichten in der Art vor: »In Spanien ist die Todesstrafe abgeschafft worden. Wer's nicht glaubt, wird erschossen!« Die Klasse johlte.

Herr Jacob begrüßte uns nie mit »Seid bereit!«. Er war eine Mischung aus Clown, Lehrer und Melancholiker. Eine Kollegin von ihm erzählte mir: »Jacob desertierte vor dem Kriegsende und kam nach Hause. Sein Vater hatte Angst, daß die ganze Familie erschossen würde, und sagte ihm: ›Du kannst nicht hierbleiben, du mußt fort!‹ In seiner Verzweiflung sprang er in Cainsdorf von der Brücke in die

Mulde. Man hat ihn gerettet. Wenn der Krieg noch länger gedauert hätte, wäre er erschossen worden. Er ist dann Lehrer geworden. Ein liebenswürdiger, kluger Mensch. Er war auch mehr Christ als Genosse.«

Weiß Gott, wie Jacob in die Partei geraten war.

Ich sah ihn zufällig viele Jahre später im Park des Heinrich-Braun-Krankenhauses. Er war schwerkrank und schlich blaß und hohlwangig den Weg entlang. Sein altes, fast verlegenes Lächeln besaß er noch. Und er sagte mir: »Tja, ich hab keine Chance ..., Blutkrebs ...«

Manfred Jacob war der einzige unter den Genossen der Alexander-Puschkin-Schule, der dem Geschwisterpaar W. beistand, als diese wegen ihrer Haltung, ihrer Weltanschauung, von Funktionären der Partei und von Genossen ihres Lehrerkollektives hart attackiert wurden.

*

Eines Tages herrschte in unserer Schule große Aufregung. Zwei beliebte Lehrer, das Geschwisterpaar W., dürfe nicht mehr unterrichten, wurde gemunkelt. Nach einer großen Auseinandersetzung hätten sie das Parteibuch »hingeschmissen!«.

Unvorstellbar! Dazu gehörte Mut! Schließlich schrieben wir das Jahr 1958.

Uns Schülern wurde dadurch zum ersten Mal bewußt, daß es an unserer Schule Lehrer gab, die Anordnungen der Partei nicht guthießen. Wir waren sehr aufgeregt, denn wir wollten wieder von diesen beiden Lehrern unterrichtet werden. Die interessanten Geographie-Stunden bei Frau W. hatten mir gefallen. Außerdem nahten die Abschlußprüfungen der 8. Klasse, und erst bei Herrn W. hatte ich – wie viele andere – Mathematik verstanden. Außerdem hatte er in der Schule für uns Jungs einen Faschingsabend mit einer Mädchenklasse organisiert. Das war in jener Zeit etwas ganz Besonderes.

Weshalb wurden die beiden Lehrer angegriffen?

Als wir unseren Klassenleiter S. danach fragten, wand er

sich und sagte nichts Konkretes. Viele Jahre später habe ich erst erfahren, was sich damals zutrug.

Die beiden Lehrer warfen das Parteibuch nicht hin, zu solch einer Provokation hätten sie sich nicht hinreißen lassen. Nein, sie legten es, allerdings mit vor Aufregung zitternden Händen, auf den Tisch.

Die Geschwister waren 1946, durch den Zusammenschluß von SPD und KPD in der sowjetischen Besatzungszone, als Sozialdemokraten in die SED gekommen. Die Auseinandersetzung zwischen ihnen und den Genossen der Alexander-Puschkin-Schule fand in der Vorbereitungszeit zum V. Parteitag der SED statt.

Die Genossen Lehrer saßen beisammen bzw. mußten beisammen sitzen wegen der anstehenden Wahlen und der Rechenschaftslegung. Auch der Genosse B. von der Stadtparteileitung war anwesend. Plötzlich begann eine Attacke gegen die Geschwister. Zuerst wurde Herrn W. vorgeworfen, was in seinem Verhalten politisch nicht korrekt sei. Er verteidigte sich: »Was wollt ihr eigentlich? Ich habe schließlich die demokratische Schule mit aufgebaut!«

Da meldete sich ein wachsamer Genosse zu Wort, der nach Stalins Tod im Lehrerzimmer geweint hatte: »Seht ihr, Genossen, der Genosse W. hat die demokratische Schule aufgebaut und weiß gar nicht, daß wir inzwischen die sozialistische Schule aufbauen!«

Damit hatte der Wachsame einen Feind enttarnt.

Danach wurde Frau W. angegriffen: »Die Genossin W. sagt, sie gehe genauso gern zur Kirche wie zur Parteiversammlung. Das geht natürlich nicht. Das können wir nicht akzeptieren! Die Genossin soll dazu einmal Stellung nehmen!«

Frau W. antwortete darauf, daß sie nie behauptet habe, daß sie zur Parteiversammlung genauso gern gehe wie zur Kirche!

Das war deutlich.

Schließlich stand sie auf, legte ihr Parteibuch vorn auf den Tisch, ging zur Wasserleitung, drehte den Hahn auf und wieder zu, zerrte am Handtuch und riß dabei vor Aufregung den Aufhänger ab. Ihr Bruder legte sein Parteibuch neben das der Schwester und sagte: »So, Genossen, und hier ist auch meins.« Dann sind sie gegangen.

Am nächsten Tag kam der Parteisekretär D. zu den beiden und versuchte sie umzustimmen. Sie blieben jedoch bei ihrem Entschluß.

Danach wurde eine außerordentliche Sitzung des Pädagogischen Rates mit den Genossen der Patenbrigaden vom Schacht und vom Sachsenring-Werk einberufen. Dort meinte einer: »Die Genossin sollte froh sein, daß sie bei uns Lehrer sein darf!«

Frau W. antwortete: »Ich war schon Lehrerin, als viele von den Kollegen noch gar nicht daran dachten, daß sie einmal hier unterrichten würden«, und sie nannte die Namen von Neulehrern, die sie in Kursen qualifiziert hatte.

Es kam zu einer Abstimmung. Die Geschwister sollten aus dem Schuldienst entlassen werden. Wer nicht dafür war, sollte aufstehen.

Alle Nichtgenossen der Schule standen auf und ein SED-Mitglied, Manfred Jacob. Die Genossen waren im Kollegium nicht in der Überzahl, zahlenmäßig stärker waren die Mitglieder der LDPD. Es half aber nichts, beide Lehrer wurden durch die Partei vom Dienst suspendiert.

Die Zwickauer »Freie Presse« berichtete über diese außerordentliche Sitzung: »Es haben zwei Lehrer ihre Parteidokumente auf den Tisch gelegt kurz vor dem V. Parteitag und sich darauf berufen, daß in der Verfassung die Glaubensfreiheit garantiert sei. Das stünde wohl darin, aber es steht nicht darin, daß ein Lehrer sein ganzes Leben lang Lehrer sein muß. (Zwischenruf) Haut sie raus!«

Nun mußten die beiden Lehrer von irgend jemandem entlassen werden. Sie wurden zum Oberbürgermeister bestellt. Der fand keinen triftigen Grund für die Entlassung. In ihrer Arbeit konnte man ihnen keinerlei Versäumnisse nachweisen.

Inzwischen wurde ihr Kollege Manfred Jacob vor den Schulrat zitiert und gefragt, warum er als Genosse bei jener

Abstimmung gegen die Parteidisziplin verstoßen und zu den beiden gehalten habe! Ob ihm denn nicht bekannt sei, daß sich die beiden W.s längst in Westberlin aufhielten. Jacob war darüber sehr verwundert: »Woher wollen Sie denn so etwas wissen?« Er war am Tag zuvor mit seiner Kollegin im Kino gewesen. Dem Schulrat waren alle Argumente genommen.

Als Frau W. von ihrem Konto Geld abheben wollte, mußte sie feststellen, daß es im Auftrag des Schulrates gesperrt worden war. Sie rief ihn an und beschwerte sich: »So geht das nicht! Wir sind zwar vom Dienst suspendiert, aber unser Geld haben wir uns schließlich verdient.«

Das Karussell drehte sich weiter. Am 5. Mai versammelten sich diverse Funktionäre und Genossen, vom Schulinspektor bis zum Oberbürgermeister, natürlich war auch der wachsame Genosse aus der Alexander-Puschkin-Oberschule dabei. Von dieser Runde wurde das Geschwisterpaar aufgrund irgendeines Paragraphen 3 innerhalb von fünf Minuten entlassen.

An einen weiteren Kommentar in der »Freien Presse« erinnere ich mich noch genau. Den lasen wir Schüler besonders aufmerksam:

»Und das wollten sozialistische Lehrer sein!

Mit Unterstützung des Genossen Bertram, Sekretär für Kultur und Erziehung der SED-Stadtleitung, wurden die Geschwister W., beide Lehrer an der Alexander-Puschkin-Schule, entlarvt, nachdem sie die eigene Parteiorganisation lange Zeit an der Nase herumgeführt hatten. Obwohl beide unmittelbar nach '45 in die Partei eingetreten waren, traten sie nicht parteimäßig auf, trugen nie das Parteiabzeichen und besuchten die Parteiversammlungen unregelmäßig und lasen nicht die sozialistische Presse. Entgegen den Parteibeschlüssen lehnten sie die Diskussion über die Jugendweihe ab, und während der Ereignisse in Ungarn bezogen sie eine völlig inaktive Haltung. Als Partei- sowie auch als Staatsfunktionäre haben sie in ihrer Eigenschaft als Lehrer ihre politische Aufgabe nicht erfüllt und wurden deshalb völlig zu Recht aus der Partei entfernt.« – Nun waren beide Lehrer arbeitslos. Herr W. versuchte eine Anstellung zu finden, aber er erhielt nur Absagen.

Zwei Tage vor Silvester wurden die beiden erneut zur SED-Stadtleitung geladen. Dort las ihnen jemand das Protokoll von jener Sondersitzung des Pädagogischen Rates vor. Protokolliert war aber nur, was die Genossen gesagt hatten. Von den Äußerungen der Kollegen stand kein Wort drin. Jeder protokollierte Satz war gegen die beiden Lehrer gerichtet! Sie sollten quasi unterschreiben, daß sie Feinde der Republik wären! Sie standen auf und gingen. Herr W. faßte nun den Entschluß, die DDR zu verlassen. Frau W. blieb und kümmerte sich um ihre Eltern.

Mein Klassenlehrer S., Mitglied der SED und vorher NSDAP-Genosse, sagte nach den turbulenten Ereignissen im Lehrerzimmer: »Jetzt scheidet sich die Spreu vom Weizen.«

Und die »Freie Presse« widmete auch den Ansichten von Manfred Jacob einige Zeilen: »Bei einigen Lehrern gibt es noch Unklarheiten. Der Kollege Jakob zum Beispiel von der Alexander-Puschkin-Schule meint, über die sozialistische Erziehung könne man zwar diskutieren, man könne sich auch über die Ziele unterhalten, aber, so fragt er, wird sie überhaupt jemals gelingen, oder werden wir an der Unvollkommenheit der Menschen scheitern? Der Kollege Jacob hat wenig Vertrauen in unseren sozialistischen Staat.«

Dazu hatte er allen Grund.

Die Probe für den Ernstfall

Wenn Sie zur Generation der Nachkriegskinder zählen, dann werden Sie sich an jene Informationsblättchen über das Verhalten bei einer Atombombenexplosion erinnern, die man in den fünfziger Jahren in der DDR verteilte. Daß der kalte in einen heißen Krieg umschlagen könne, schien einige Zeit sehr nahe. Auf diesen Zetteln wurden nun »lebensrettende« Ratschläge gegeben.

Sei man auf der Straße gerade mit einer Schultasche unterwegs, so müsse man die aufstellen und sich dahinterwerfen, um die Druckwelle abzufangen. In der Küche böte schon eine Wachstuchdecke Schutz vor den tödlichen Strahlen. Es wurde auch von »Experten« behauptet, daß man Holzbretter unter die Füße schnallen sollte, die mit Waschpulverlauge eingeschäumt werden müßten, um die Strahlen abzufangen. Solche Empfehlungen muten heute wie makabre Scherze an.

Wir Schüler probten den Ernstfall am Schwanenteich, einer idyllischen Großstadtoase im Zentrum von Zwickau. Das »Schwanenschloß«, ein beliebtes Restaurant mit einem großen Tanzsaal, war nach dem Krieg in »Klubhaus Grubenlampe« umbenannt worden. Was sollten wir in der neuen Zeit auch mit einem »Schwanenschloß«!? In der noch neueren Zeit nach 1989 wurde es gleich ganz abgerissen.

An einem schönen Herbsttag führte ein Lehrer unsere Klasse in diese Grünanlage. Zwei Männer empfingen uns. Einer war Offizier der Nationalen Volksarmee.

Mit ernsthaften Worten wurde die Situation erklärt: Eine Atombombe wäre gefallen. Wir erhielten sogenannte Gammakleidung aus Gummi, die vor den Strahlen schützen sollte. Das Anziehen der kuriosen Klamotten bereitete uns einen Riesenspaß. Die Führer der Aktion fanden das gar nicht lustig. Nun wären noch Gasmasken vonnöten gewesen. Die fehlten jedoch, und so mußten wir den fiktiven Atomschlag in den Zwickauer Schwanenteichanlagen ohne dieses Schutzgerät überleben.

Wir standen vor einer schweren Aufgabe. Eine große Wiese lag voller Laub. Dieses Laub sei radioaktiv verseucht, und wir sollten die Fläche davon befreien. Jeder bekam einen Laubrechen in die Hand gedrückt, um die verstrahlten Blätter zusammenzuschieben. Ich versichere, nicht einer kam auf die Idee, es könnte auch die Wiese verseucht sein, wenn das Laub darauf ist.

Die drei Herren am Wiesenrand rauchten und blickten auf ihre perfekt ablaufende Aktion. Wenn sie nicht herschauten, passierte es auch, daß wir etwas radioaktives Laub unter die Büsche kehrten.

Und wenn es nicht verfault ist – dann strahlt es dort noch heute!

Winter

Schneite es endlich, wurden die letzten Stunden in der Schule besonders quälend. Was interessierte mich der dritte Fall, wenn ich Schneeflocken fallen sah! Nach dem erlösenden Schellen der Schulglocke eilten wir nach Hause und zogen sofort mit dem Schlitten zum nächsten »Huggl«, zumeist an den Muldendamm. Dort wurde gerodelt, bis die Dämmerung kam. Zwischendurch pinkelten wir unsere Namen in den Schnee.

Als wir etwas älter waren, liehen wir die hölzernen Schneeschuhe vom Vater, die Stöcke aus Bambus oder Kirschholz, an deren unterem Ende Bambusringe an Lederriemchen befestigt waren. Wir schnallten sie uns vor dem Haus an und dampften ab in den Weißenborner Wald zu einem »Idiotenhügel«. Die Skier hatten meist schon Jahrzehnte gedient, und die Bindungen lösten sich oft. Manchmal schoß deshalb auch ein einsamer Ski den Berg hinunter. Abends kam ich mit roten Wangen, müde und glücklich nach Hause und schlief trotz »Wer soll das bezahlen ...« aus der Gaststätte schnell ein.

Sehr beliebt war das Schlittern auf einer Fläche, die wir uns spiegelglatt »dschinnerdn« – ein sächsischer Spezialbegriff. Ein Stück Weg, wo der Schnee vom Laufen schon etwas plattgedrückt war, verwandelte sich durch das Rutschen in schwarzgraues Eis. Für Spaziergänger konnte das gefährlich werden, da jene Stelle, wenn sie anschließend Neuschnee überzuckerte, überraschend zur unfreiwilligen Rutschpartie wurde.

Bei Dauerfrost liefen wir zum Schwanenteich, schnallten uns die alten schweren Schlittschuhe an. Sie wurden mit einem Vierkantschlüssel an die Schuhsohle geschraubt. Die Zacken fraßen sich ins alte Schuhwerk, und mitunter riß beim Loslaufen der ganze Absatz ab. Es gab in diesem Parkgelände, in einer kleinen Senke, auch eine vereiste Wiese, auf der man Schlittschuh laufen konnte. Dort wuchsen im Sommer Unmengen jener grellgelben Butterblumen, die wir wegen des fetthaltigen Namens »de fäddschn Bluhm« nannten. Unvergeßlich ist mir der Anblick des zugefrorenen Schwanenteichs. Plötzlich konnte man auf dem »Wasser gehen«. Mutige Kinder schlitterten bis auf die Mitte des kleinen Sees. Das war mir zu gefährlich. Schließlich hatte mich meine Mutter besorgt darauf hingewiesen, nur ja am Rand zu bleiben.

Einmal, unter einer Brücke auf der Mulde, wollte ich mutig sein. Ging aufs Eis und brach mit einem Fuß ins schrecklich kalte Wasser ein. Das reichte mir. Nach dieser Erfahrung schlitterte ich wieder schön am Rand.

Zur Winterkleidung der damaligen Zeit zählte bei den Mädchen noch der Muff, ein zusammengenähtes Stück Fell, in dem man sich die Hände wärmen konnte. Hatte ein Junge eisige Finger, und ein Mädchen ließ ihn seine Hände in dieses kleine »Öfchen« stecken, dann war das schon ein kleiner Zuneigungsbeweis. Junge Männer kamen auch mit Sturmbändern, gestrickten Bändern, die die Ohren wärmten. Die älteren Herren holten Ohrenschützer heraus, schwarze, innen rot gefütterte Stoffstücke, die mit einem schmalen Metallband zusammengehalten wurden und Kopfhörern ähnelten. Darüber konnte der obligatorische Hut selbst bei bitterer Kälte getragen werden. Mein Vater holte bei Einbruch winterlichen Wetters seine Gamaschen aus dem Schrank, die er über seine Halbschuhe zog, um die Füße etwas zu wärmen.

Am Sonntagvormittag tönte immer das Geräusch holzhackender Männer aus dem Keller. Wenn ich Frau Schmalfuß mit ihren kleinen Eimerchen auf der Treppe traf, dann trug ich ihr die als guter Pionier natürlich in den dritten Stock. Auf dem Rückweg hörte ich von ihr in Höhe des zweiten Stockwerkes ein atemloses »Danke, lieber Bernd«.

Nahm meine Mutter im Winter die steif gefrorene Wäsche von der Leine, konnte man die Handtücher für kurze Zeit wie Bretter an die Wand lehnen. Doch bald fielen sie durch die Wärme in der Küche schlaff in sich zusammen.

Damals, in den schönen kalten Wintern meiner Kindheit, sah ich ein Bild, das ich viele Jahre später in einem Gedicht von Reiner Kunze wiederfand:

> Wenn die post
> hinters fenster fährt blühn
> die eisblumen gelb.

Weihnachten

Was für ein Fest! Zumal am Fuße des Erzgebirges. Ich liebte alle Jahreszeiten, aber Weihnachten war der Höhepunkt des Jahres. Trotz aller Ärmlichkeit in meinen frühen Kindheitstagen – in der Weihnachtszeit hatte ich die romantischsten Stunden.

Die Aufregung begann schon, wenn meine Mutter den Stollenteig knetete. Die Teigreste waren köstlich, mit dem Finger wurden die Gefäße blank geputzt. Die geformten Stollen kennzeichnete meine Mutter mit einem Blechstreifen, auf dem unser Name geschrieben stand.

Die warme Weihnachtsstube, der Christbaum mit den flackernden Kerzen, die Pyramide, wo sich das Christkind in der Krippe so schnell im Kreis drehte, daß es schon einen Drehwurm haben mußte, die flinken drei Weisen aus dem Morgenlande immer hinterdrein, und schließlich der Bergmann als Kerzenhalter in seiner traditionellen Tracht – das waren Inbegriffe der romantischen Zeit am Jahresende.

Nach der Christvesper am Heiligen Abend war die bescheidene Bescherung. Ich fühlte mich immer reich beschenkt.

Einmal hatten meine Eltern auf einem ausrangierten Bügelbrett eine kleine Welt zum Spielen aufgebaut. Ein Holzzug fuhr zwischen braun und grün gefärbten Sägespänen entlang, die Wege und Wiesen markierten. Farbige Häuschen standen am Rand. Ein kleines hölzernes Riesenrad auf einer Wiese drehte sich, wenn ich einen winzigen Holzstift anfaßte und entsprechend bewegte.

Zum Abendbrot am Heiligen Abend kam immer mein Großvater, ein armer Bäckermeister, der seinem Enkel Bernd nie etwas schenken konnte. Er hatte selbst nichts. Sein Geld war durch den Lauf der deutschen Geschichte verlorengegangen. Er bekam keine Rente und lebte von den paar Mark, die das Haus abwarf, und von seiner Tochter, die bei ihm wohnte. Wenn ich zu Mittag in seine karge Küche trat, sah ich oft nur ein kleines Töpfchen mit Kartoffeln brodeln.

Großvater ging jeden Tag um sechs Uhr abends schlafen. So war er es durch sein langes Bäckerleben gewöhnt, und diesen Ritus hielt er bis ins hohe Alter ein. Er wurde 92 Jahre alt. Als ich einmal um diese Zeit bei ihm war, lag er schon im Bett. Es war mir unvorstellbar, daß ein Erwachsener zu Bett ging, wenn die Kinder noch wach waren. Ich sah hinter dem hohen Federbett nur seinen Kopf und eine Hand. Die hielt eine Mundharmonika. Großvater Richard spielte sich sein Gute-Nacht-Lied selbst. Als er Rentner geworden war, brachte er sich das Klavierspielen bei. Das Klavier aus der Gründerzeit in der »guten Stube« hatte sonst nur mein Vater benutzt. Großvater hatte in seinem langen Leben wohl kaum Kultur genießen können. Die Arbeit war vorgegangen. Er hat die vielen Jahrzehnte bis zur Rente backend verbracht. Ich hab in seinem Haushalt auch nie ein Buch gesehen.

Am Heiligen Abend saßen wir jedenfalls alle zusammen und aßen Würstchen mit Kartoffelsalat.

Weihnachten bedeutete in den fünfziger Jahren Apfelsinen, Datteln und Kameruner – der Name stammte noch aus Kolonialzeiten. Das waren Erdnüsse, deren Schalen beim Aufdrücken immer leicht »stiebten«. Eine winzige Staubwolke stieg beim Nüsseknacken auf, und die Schalen verbrannten knisternd im Ofen.

Mit dem Heiligen Abend war die Aufregung bei uns noch nicht vorbei, denn es kam ja am nächsten Tag in der Frühe der Besuch der Christmette. Sechs Uhr morgens begann sie in der nahe gelegenen Methodistenkirche. Mit Spannung erwartete ich das Krippenspiel, bis ich eines Tages – nun erst recht aufgeregt – zum ersten Mal selbst als Hirt im Altarraum stand. Und nie vergesse ich den Schein und das Flackern der Kerzen im Gesicht der Mitspieler.

Was hatten wir in den Proben gelacht, als mein Freund Peter Probleme mit der Artikulation hatte: »... und da lag das Kindlein, auf knisterndem Stroh ...« lautete der Originaltext. Wie hat er sich bemüht, und immer wieder wurde es nur »knisserndem« oder »knistermdem«. Schließlich beließen wir es beim Stroh ohne Attribut.

Der morgendliche Weg zur Kirche führte jedes Jahr durch verschneite Straßen. Der dunkle Weihnachtsmorgen – das war ein Funkeln im Dunkeln, das immer schon zu Hause mit den Eisblumen am Fenster begann. Und diese Stille in der Straße.

Auch der Silvesterabend meiner frühen Kindheitsjahre war gegen Mitternacht eher feierlich als laut. Natürlich wurde in den Wohnungen und Lokalen gefeiert. Aber keine Rakete stieg zum Himmel. Wir öffneten zwölf Uhr die Fenster, um den Klang der Glocken zu hören.

Das war für uns die Jahreswende.

Wenn wir am 6. Januar, zu Hohneujahr, den Weihnachtsbaum »abputzten«, war das noch einmal ein kleines Fest, weil wir die schrecklich schön süßen Fondant-Kringel essen konnten. Mit den trocken gewordenen, abgesägten Ästen des Baumes ließ sich ein prächtiges Feuer im Ofen machen. Und im Wohnzimmer roch es noch einmal richtig nach Wald.

Die Sprache meiner Eltern

Ich finde es sehr spannend, wie sich Sprache ständig verändert. Meine Eltern wurden Anfang des Jahrhunderts geboren, und so gab es in ihrem Sprachschatz eine Menge Wörter aus jener Zeit. Aber warum habe ich sie nicht übernommen? Ich habe nie »Triddewahr« (Trottoir) oder »Bürgersteig« zum Fußweg gesagt. Auch nicht »Fahrdamm« für Straße. Der Mann in Uniform, der darauf achtete, daß überall Ordnung herrschte, nie nannte ich ihn »Schutzmann«. Für mich war es ein Polizist oder »ä Bollezeier«. Ich sagte auch nie »Perron« zum Bahnsteig, obwohl ich es von meinen Eltern hörte. Wörter wie »Trottoir« oder »Perron« wurden wohl zur Zeit des Ersten Weltkriegs aus dem Sprachgebrauch eliminiert, als Deutschland gegen den »Erbfeind« Frankreich ins Feld zog. Doch zu dieser Zeit waren die Vokabeln längst in den Sprachschatz von Ilse Ehrler und Arthur Lange eingegangen.

Französisch galt im 18. Jahrhundert in Europa als besonders chic, und die Napoleonischen Kriege taten ein übriges. Die Sachsen haben sich wiederum manch französische Vokabel mundgerecht gemacht. Wenn mein Vater zum Beispiel »sein Wasser abschlug« – damals noch eine sehr verbreitete Formulierung –, ging er im Ausflugslokal auf die »Räddorahde«.

Im Fremdwörterbuch fand ich unter »retirade«: Rückzug. Und einen solchen unternahm mein Vater ja auch, völlig unkriegerisch für kurze Zeit. Monsieur Napoleon dagegen retirierte 1813 nach der Völkerschlacht von Leipzig aus ganz anderen Gründen.

»Morr muß de Konndennangs bewahrn«, sagten meine Eltern mitunter. »Contenance« heißt im Französischen Haltung oder Fassung.

Und die zu bewahren – dafür gab und gibt es immer einen Grund.

Wenn meine Mutter sich überfordert fühlte, dann reagierte sie: »Das kammer doch nicht so aus dorr Lamäng machen!« – »La main« – französisch die Hand – begegnet uns hier in einer Wendung im Sinne von »Nicht einfach so«. Nach anstrengender Arbeit oder nach einer längeren Wanderung war meine Mutter »miede, madd, malahde!«. Und »malade« heißt auf deutsch bezeichnenderweise auch »krank, nicht wohl«.

Ein Kind, das sich seinen Eltern oder anderen Erwachsenen gegenüber nicht gemäß verhalten hatte und einer Zurechtweisung entgegensah, dieses Kind holte sich von der entsprechenden Autorität seine »Reformande« ab, aus der in Zwickau ein »Reformändl« wurde. »Reprimande« ist im Französischen der Verweis.

Wenn ich eine Verabredung mit einem Mädchen hatte, fragte mich meine Mutter: »Du hast wohl ein Rangdewuh?« Das heutige »date« wurde neben »Rendezvous« aber auch noch auf deutsch »Stelldichein« genannt.

Ganz anders die Bedeutung, wenn man zu Hause gründlich »Rangdewuh« machte. Dann wurde Ordnung gemacht.

Die hübsche junge Dame, die einem dagegen beim »Rangdewuh« gegenübersaß, war das »Wissawieh« (vis-à-vis) – das Gegenüber.

Auf bestimmte Formen wurde in jenen Jahren noch viel Wert gelegt. Ein Jüngling, der sich gegenüber jungen Damen ordentlich benahm, war ein »Kavalier«. Solch »ritterlicher Mann« soll hin und wieder noch anzutreffen sein.

»Dähr will immer an dorr Dähde sinn!« Immer vorndran, an der Spitze. Heute sind das jene coolen Managertypen, die einen möglichst noch in der Autowaschanlage überholen wollen. »Tête« heißt Kopf oder Spitze.

Wenn mich ein böser Bube öfters neckte, riet mir meine Mutter, ihn gar nicht wahrzunehmen, und sagte: »Den darfst du gar nicht estimieren!« Aus dem Französischen wird die Vokabel mit schätzen, achten oder respektieren übersetzt. Genierte ich mich irgendwo, erhielt ich den eingesächselten Hinweis: »Sei nich so schenand!«

»Mir is heut bliemerand.« Wenn sie das sagte, war meiner Mutter nicht ganz wohl. Und »bleu mourant« heißt auch blaßblau, sterbend.

»Dort war vielleicht ä Dehmeleh!« Da gab es Trubel, Aufregung und Durcheinander. Streit nennen die Franzosen »démelé«. Ging etwas schief, war einem »ä Mallähr« passiert. Ein Unglück (»malheur«) also.

»Wenn dähr in Raasche gommd, is dähr nich wieder zu ergänn.« In »rage«, also in Wut, kommen Sachsen und Franzosen aus gleichen oder unterschiedlichen Gründen immer noch.

»Dann gings wieder rädduhr.« Man trat den Heimweg an, »retour« heißt nach wie vor: zurück. Auch »Ehdebädehde«, ein Spezialausdruck für einen Menschen von überzogenen Manieren und besonderer Vornehmheit, und »Rabuhsche«, ein Wort, das im Zusammenhang mit vermißten Gegenständen steht – »Das is mir in die Rahbusche gekommen«, sind Begriffe, die im Französischen ihren Ursprung haben.

Wenn das Gute etwas ausuferte, auf eine Feier bezogen oder auf die überladene Einrichtung einer Wohnung, dann nannten das meine Eltern: »Sehr bommfordsionöhs.« Da steckt das »bon« für gut »drin«, das aber zum »bomm« wurde.

Das Wort »Streß« gab es noch nicht. Wenn jemand zeitlich oder überhaupt durch bestimmte Umstände in Nöten war, so geriet er damals »in die Brädullje«.

Soviel zum französischen Anteil in der Sprache meiner Eltern.

Aber ich erinnere mich auch an andere altdeutsche oder sächsische Wörter und Formulierungen. Wenn es zum Beispiel stark regnete: »Es schidded wie aus Kannen« oder »Es räächnet Binnfahdn«. Das hieß, man sah bei den Tropfen gar keinen Abstand mehr. Wer in solch einen Regen kam, war »fiddschenaß«. Bei einem kurzen Regen beruhigte man einander: »Es is nur eene gleene Husche.« Wenn mein Vater allerdings ankündigte: »Ich mach ne gleene Husche in Ohfn«, dann schüttete er nicht etwa Wasser in den Ofen, sondern entzündete ein kleines Feuerchen, weil es im ungeheizten Raum allmählich ungemütlich wurde.

»Schloßen« nannte meine Mutter die Hagelkörner, die sommers bei einem Gewitter auf die warme Erde fielen. Wir Kinder staunten, daß mitten im Sommer Eis vom Himmel kam, und sahen zu, wie schnell es in der Wärme taute. War es im Winter sehr kalt, dann registrierte das meine Mutter in unserer Wohnung schon am Gang der Leute draußen. »Heut is' kalt. Die Leute ziehn de Hugg nan!« Sie gingen dann sehr schnell, mit gekrümmtem Rücken. »Das ist vielleicht eene Affenkälte« war einer ihrer winterlichen Lieblingssätze. Das war wohl eine Eigenschöpfung. Normalerweise heißt es ja »Affenhitze«. Vielleicht meinte sie, daß sich Affen bei dieser Kälte gar nicht wohl fühlen würden.

Für menschliche Eigenschaften und Verhaltensweisen gab es auch diverse Erklärungen, die ich noch im Ohr habe. »Dähr verblemberd seine Zeit.« Das war ein Typ, der seine Tage mit sinnlosem Tun vergeudete. Wenn er dies vor allem mit unnützen Reden tat, so erzählte dieser Mensch viel »Schduß«.

Ein traniger Mann war ein »Mährsagg«, das Pendant dazu die »Mährsuse«.

Ein Mann, der sich unentwegt an Frauen heranmachte und sie gern »annddaddschde«, das war »ä dichdscher Sießhahn«. Wenn seine Blütenträume hinsichtlich einer Dame nicht reiften, dann hatte er bei ihr »Schliff gebacken«. Neigte dagegen eine Dame zu einem flotten Lebensstil, kritisierte meine Mutter: »Die führt ein ausschweifendes Leben.« »Budzsche Lusd« war dagegen die harmlose Variante der Lebensfreude.

Wenn sich jemand besonders umständlich anstellte, so war das bei meiner Mutter »ein Umstandskasten«, und wer versiert war, ständig ein Durcheinander zu fabrizieren, der machte »ene dischdsche Mängängke«! Ein verschlafner Typ, das war eine »Nabbsilze«, »Drahndude« oder »Nullbe«. Ein Mensch, der andere benutzte, ein Schnorrertyp, hieß bei meiner Mutter »Ausbuddzorr«. Und einer, der seine Laune und Meinung ständig änderte, das war »ä weddorwendscher Dieb«. Wobei »Dieb«, das sei hier den Nichtsachsen gesagt, lediglich »Typ« bedeutet!

Wenn jemand eine immer wiederkehrende Verhaltensweise an den Tag legte, so sagten meine Eltern: »Das geht bei dem alles nach der Dibbl-Dabbl-Duhr!« Wobei Dibbl und Dabbl vermutlich Schritt für Schritt bedeutet, und die »Duhr« hat nichts mit Dur und Moll zu tun, sondern ist die hochdeutsche »Tour«. Wenn jemand seine Arbeit nicht ordentlich erledigte, so hieß das: Der macht das nur so »huddlie-fuddlie«! Ein Patron ist normalerweise ein Schutzheiliger, ein »unzuverlässcher Badrohn« war dann das ganze Gegenteil.

Sagte meine Mutter zu mir: »Das ist kein Verkehr für dich«, dann hieß das nicht, daß ich mich in einer bestimmten Zeit nicht auf der Straße aufhalten sollte, sondern da war von Spielkameraden die Rede, die meiner Mutter suspekt erschienen.

Einen frechen Junge nannte sie »Räbchen« oder »Frechdachs«. Ein »Schdenz« war ein junger Mann, der vorwiegend auf Tanzsälen zu Hause war, ein Typ in Richtung Weiberheld, der auch vor einer Prügelei nicht zurückschreckte. »Stenzen« bedeutet auch »stoßen«. Solche Art von Halbstarken waren für meine Mutter »Rabaugn«, »Raudn« oder »dichdsche Riebl«.

Wanderte ich mit meinen Eltern am Sonntag durch den Wald, dann sind wir ins Gartenlokal »eingekehrt« und haben etwas »schnabuliert«. Meine Mutter liebte Butterkremtorte. Von Cholesterin sprach damals kein Mensch. In den fünfziger Jahren warb die staatliche Handelsorganisation noch mit dem Slogan »Nimm ein Ei mehr!«.

Wenn im Garten die Pflanzen im Beet nicht mit einem gewissen Abstand gepflanzt waren, sondern dicht beieinander standen, sagte meine Mutter: »Die schdehn alle off een Drämmbl.«

Kinder, die von ihren Eltern körperlich gezüchtigt wurden, und das war in jener Zeit noch sehr verbreitet, bezogen in Zwickau »Sänge« oder erhielten ein »baar Dachdeln«. Einige Spielkameraden von mir bekamen in jenen Tagen bei Verfehlungen von ihren Eltern noch »Stubenarrest« verordnet. Traurig sahen sie zum Fenster hinaus. Eine »Faunz« war in Zwickau unter Kindern üblich. Das war ein Schlag mit der flachen Hand auf die Wange. Wenn ich mich etwas danebenbenahm, sagte meine Mutter. »Du bist wohl nicht ganz bei Trost.« Allerdings war sie dann untröstlich.

»Mach nich so viel Ruß!« war die Aufforderung, wegen einer bestimmten Sache nicht so viel Aufhebens zu machen.

Wenn Kinder irgendeinen Plan aushecken, so hieß es: »Was duhdn ihr wieder auskaschpern?« Dafür stand wohl der »Kaspar« aus dem Puppentheater Pate. Bei Karten- oder Brettspielen wurde darauf geachtet, daß niemand von den Kindern »Schmu« machte! »Schmu« war das Wort für den kleinen Betrug.

War in der Schule eine schwere Arbeit angekündigt, und ich lernte auffällig viel, dann fragte meine Mutter: »Du mußt wohl viel bimsen?« Oder: »Hasd wohl dein Draasch?!«

»Vor dem hast du wohl Spundus?« bedeutete, daß ein bestimmter Lehrer den Schülern einen gewissen Respekt abnötigte.

Wenn sich die Ferien zum Ende neigten und die schöne Faulenzerei vorbei war, meinten meine Eltern mit Blick auf die Schule: »Na, mein Lieber, nu pfeift's bald wieder aus'm andern Loch!«

Schimpfte ich, hieß es: »Mohbe nich rum!«

»Was hast du denn schon wieder zu monieren?« lautete die Frage, wenn ich etwas zu beanstanden hatte; drängelte oder quengelte ich gar, dann sagte man zu mir: »Nu dohrwiere doch nich so rum!« Und weigerte oder zierte ich mich, etwas Bestimmtes zu machen, dann hörte ich: »Nu mach nich so viel Sperenzchn!« Im Lateinischen heißt Sperenzien soviel wie Umschweife oder Ausflüchte.

Verschwendung kritisierten die Eltern beispielsweise mit dem Satz: »Ursche nich so mit dem Wasser rum!«

Verhaute ich etwas oder verstand etwas nicht, nannte mich mein Vater liebevoll einen »Dähmlagg« oder »Dähmel«, ein »Dussldier«, »Nieslbriehm« oder »Nussord«.

Und wenn ich von meiner Mutter wissen wollte, was in einer bestimmten Tüte oder in einem Schubfach sei, sie das aber nicht sagen wollte, dann wurde ich mit der Bemerkung abgespeist, da drin sei lediglich »Neugierde mit Butter gebraten«.

Mäkelte ich am Essen herum, sagten meine Eltern: »Sei nich so kähbsch!«

In den Fünfzigern wurde viel Wert darauf gelegt, daß die Menschen eine gute Meinung von einem hatten, deshalb kam nach suspekten Überlegungen oder Handlungen meinerseits von meiner Mutter immer der Satz: »Was solln denn die Leute dazu sagen!?« Oder: »Was sind denn das für Sitten!?« Die Aufforderung, solches Tun zu unterlassen, folgte mit der verschärften Formulierung: »Solche Sitten wollen wir gar nicht erst einreißen lassen!«

Wurden meine Eltern Zeuge, wie jemand über einen anderen, natürlich nicht Anwesenden, »herzog«, wurde die Verhaltensweise mit »Da hadd dähr die vielleichd maadsch gemachd!« kommentiert.

Zog sich meine Mutter zum Schlafen zurück, verabschiedete sie sich mit dem Satz: »Ich geh in meine Kemenahde!« Kemenade – das Wort für ein Gemach auf der mittelalterlichen Burg. Mich forderte sie als kleines Kind auf: »Husch, husch, ins Körbchen.«

Wenn es nicht vorwärtsging, eine Sache ewig dauerte, schimpfte meine Mutter: »Ich könnte de Schwämmchen kriechn!«

Traf mein Vater auf der Straße Bekannte und erkundigte sich nach dem Befinden der Familie, dann kam garantiert die Frage »Und zu Hause? Alles wohlauf?« Freunde und Verwandte wurden mit »Gehab dich wohl!« verabschiedet.

Die Selbstdarstellung steckte seinerzeit noch in den Kinderschuhen. Wenn Erwachsene, die nach 1918 Nachkriegskinder waren, eine Begebenheit mit mehreren handelnden Personen wiedergaben und die Akteure aufzählten, dann endete dies mit: »... und meine Wenigkeit.«

»Der ist nicht auf dem Posten« bedeutete nicht, daß ein Soldat nicht Wache schob, sondern daß sich jemand nicht besonders wohl fühlte. Wenn einen ein ganz hartnäckiger übler Schnupfen quälte, dann nannten das meine Eltern auf gut sächsisch einen »Schdoggschnubbn«.

War man Zeuge, wie zwei junge Menschen aneinander Gefallen fanden, hieß es: »Da bahnt sich was an!« Hatte der junge Mann seine Eroberung gemacht, sagte man über ihn: »Dähr hadd midd dähr ä Dächdlmächdl.«

»Die is noch nich undor dorr Haube« bedeutete, es wurde für eine junge Frau langsam Zeit, daß sie noch »een abkrichde«!

Oft hörte ich als Kind: »Die müssen heiraten. Da soll was unterwegs sein!« Ich konnte damals nicht verstehen, warum Menschen heiraten mußten? Heiraten war für mich eine schöne Sache. Ich sah manchmal eine Kutsche mit Pferden vor unserer Kirche stehen. Ich würde später einmal freiwillig heiraten! Gar nicht verstand ich, was da unterwegs sein sollte? »Die ist in anderen Umständen« war der Satz für eine bekannt gewordene Schwangerschaft.

Wenn in einer Ehe die Frau mehr zu sagen hatte als der Mann, hörte ich: »Bei denen hat die Frau die Hosen an.« Die Mütter meiner Generation, wenn sie am Anfang des Jahrhunderts geboren waren, besaßen keine Hosen. Ich kenne meine Mutter nur im Kleid oder Rock. Lediglich Frauen, die Ski fuhren, trugen entsprechende Hosen.

War sie Zeuge eines unerfreulichen Wortgefechts zwischen einem Ehepaar, lautete der Kommentar meiner Mutter: »Die haben sich gewörtelt!« Wenn sich ein Paar nicht mehr verstand, eine Krise durchlebte, dann meinte meine Mutter: »Bei denen ist der Frost drinne!«

Meine Mutter bügelte die Wäsche mit der »Blädde«. War sie erstaunt oder verwundert, war sie deshalb auch »geblädded«, also platt. Menschen, die keinerlei Herzlichkeit zeigten, hatten sich ihrer Meinung nach »das Herz erkältet«.

Gab es Neuigkeiten zu berichten, informierte Mutter meinen Vater: »Viel Neues, aber nischd Gescheids!« Diesbezüglich hat sich für unsere Tage wenig verändert.

Einen Lieblingssatz meiner Mutter haben meine Frau und ich übernommen. Er paßt so oft, wenn wir uns Beobachtungen aus dem Alltag mitteilen, und charakterisiert prägnant Verhaltensweisen von Menschen: »Das soll nu ooch was heeßn!«

Diesen Satz kann auch mein Sohn übernehmen.

Schluß

Meine Generation ist die letzte, die noch nahezu gefahrlos auf der Straße spielen konnte. Den Begriff Umweltschutz kannte keiner. Die Jahreszeiten machten den ihnen zugeordneten Eigenschaften alle Ehre.

Wir waren auch die letzte Generation, die wirklich deutsch sprach. Wir sagten nicht mal »okay«; das hieß noch: »Geht klar!« oder »Geht in Ordnung!«.

Der Mangel erzog uns zu Kreativität und zu Bescheidenheit.

Das war kein eigenes Verdienst. Die Verhältnisse haben uns geprägt und unsere Phantasie angeregt.

Ein Stück Brot war noch ein Stück Brot und eine Kartoffel noch eine Kartoffel. Es dauerte Jahre, bis ich Brot im Futterkübel liegen sah.

Wir waren morgens munter und voller Tatendrang, denn keine späten flimmernden Bilder bescherten uns einen unruhigen Schlaf. Mit der Taschenlampe unter der Bettdecke lesen(!), das allein galt schon in manchen Familien als kritisierenswert.

Meine Kindheit ist der Grundstock für viele Vorlieben und Interessen: Den Duft von Rosen und Dill liebe ich bis heute. Der alte Gärtner Kochte in seinem romantischen Reich hatte einen Anteil daran, daß ich Gärtner lernte. Den Weißenborner Wald habe ich in meinem Leben an vielen anderen Orten wiedergefunden. Nach dem »Mohrle« meiner Kindheit habe ich mich unterwegs über jede Katze gefreut. Das brachte schließlich meine Frau darauf, mir zum Geburtstag ein schwarzes Kätzchen zu schenken.

Die Jugendstilornamente an den Häusern meiner Kindheit haben meine Vorliebe für diese Stilrichtung geprägt.

Das schöne, romantische Café Fiedler mit seinen Marmortischen und dunkelbraunen Holzstühlen habe ich nie vergessen. In Leipzig entdeckte ich es im 1968 abgerissenen CAFÉ CORSO wieder, das ebenfalls im Art-déco-Stil eingerichtet war. Und ich habe ähnliche Kaffeehäuser in Paris, Prag, Wien und Krakow gefunden.

Der Grundstein meiner Liebe für die Stadt Leipzig wurde letztlich auch in Zwickau gelegt. Die Anlage der Stadt innerhalb eines Rings mit Straßen, Plätzen und Gassen ist beiden Orten gleich. Leipzig war quasi für mich auf Anhieb eine Art größeres und noch schöneres Zwickau.

Und die verwinkelte Altstadt von Zwickau hat schließlich meine Liebe zu den Gassen und Plätzen von Prag begründet.

1958 habe ich als das Jahr für mich festgelegt, in dem die Nachkriegszeit zu Ende ging. Warum? Bis dahin gab es Lebensmittelkarten. In diesem Jahr wurde dann in Zwickau der erste Selbstbedienungsladen eröffnet. Eine Sensation! Zum ersten Mal konnten wir in einem Laden selbst nach den Waren greifen.

1958 endete formal meine Kindheit. Ich wurde konfirmiert und damit in den Kreis der Erwachsenen aufgenommen.

In mein Notizbuch schrieb ich: »Ein großes und schönes Erlebnis dieser Tag, an dem man die Schwelle des Lebens betritt.«

Etwas gestelzt das Ganze, außerdem betritt man bekanntlich die Schwelle des Lebens mit der Geburt! Ich meinte damit das Erwachsensein und hatte noch keine Ahnung, wie man nach dieser Schwelle ins Stolpern kommen kann ...

Inhalt

Vorwort	7
Krieg	9
Vom Sinn mancher Sätze	24
Essen und Leckereien	26
Kleidung	31
Das Haus	33
Der Handwagen	49
Der Reifen	53
Spielzeug	54
Spiele	58
Fasching	60
Hubbmännl	62
Frühling	63
Der Knappengrund	65
Das Paradies oder Rosen und Dill	67
Fünf Typen von der Straße	80
Die Bedrohung	83
Kult	84
Kartoffelkäfer und Wattfraß	85
Läden	88
Vaters Arbeit	100
Die Walter-Mädels	104
Automobile	106
Die Straßenbahn	110
Sommer	113
Das Astloch	116
Rummel	117
Reisen	122
Im Westen	130
Das Hochwasser	133
Die Altstadt	136

Schloß Osterstein	140
Lindenhof	142
Kabarett und Theater	144
Kino	146
Herbst	150
Stoppeln	151
Die Konterrevolution	152
Kinderspiele	157
Der Bergbau	160
Wismut	164
Der Doktor	166
Frühester Humor	170
Sitten	171
Die Schule	173
Die Probe für den Ernstfall	197
Winter	199
Weihnachten	202
Die Sprache meiner Eltern	205
Schluß	214

Bernd-Lutz Lange
Dämmerschoppen

Geschichten von drinnen und draußen

176 Seiten. Broschur
ISBN 3-7466-1386-8

In tragikomischen und witzigen, bissigen und kuriosen Geschichten schaut Bernd-Lutz Lange dem Volk wieder einmal »aufs Maul«. Das »sächsische Urgestein« berichtet aber auch von Begegnungen mit Prominenten aus Kultur und Politik, äußert sich zum jüdischen Leben und nimmt die »Unwörter« der deutschen Sprache aufs Korn. Vor allem aber erinnert Lange an die DDR, ohne wehleidig Ostalgie zu wecken.

»Bernd-Lutz Lange ist einer jener Kabarettisten, die nicht auf schnelle Pointen setzen, sondern auf Witze zum Nachdenken.« *Spiegel Kultur extra*

Aufbau Taschenbuch Verlag

Gunter Böhnke
Ein Sachse beschnarcht sich die Welt

156 Seiten. Gebunden
ISBN 3-378-00614-5

Mit Gespür für komische Situationen und treffende mundartliche Sprachkreationen erzählt Gunter Böhnke von einer sächsischen Kindheit und von seinen Reisen rund um den Globus. Ob es ihn ans Verlorene Wässerchen oder in die sibirische Taiga, in die australische Wüste oder an den Pazifik verschlägt – Böhnke gibt sich als reisender Gemütsmensch mit Pfiff.

»Mit augenzwinkerndem Humor erweist sich Böhnke als ein Sachse von echtem Schrot und Korn.«   *Döbelner Anzeiger*

Gustav Kiepenheuer
VERLAG

Matthias Biskupek
Schloß Zockendorf

Eine Mordsgeschichte

141 Seiten. Gebunden
ISBN 3-378-00613-7

Das Künstlerhaus Schloß Zockendorf, abgeschieden gelegen in der stillen Natur, ist alles andere als ein schöpferisches Idyll. Anstatt zu bildhauern, zu komponieren oder zu dichten, verausgaben sich die kreativen Köpfe im intellektuellen Streit. Doch endlich passiert wirklich etwas in dieser illustren Gesellschaft von übersensiblen Künstlern, gärtnernden Hausmeistern und wenig kunstsinnigen Direktorinnen: ein Mord.

In komischen Dialogen und lakonischen Beschreibungen führt Matthias Biskupek den Kunstbetrieb und die aktuellen Ostwestdebatten vor: Ein skurriles Kriminalspektakel und ein literarisches Kabarettstück, bitterböse wie schon »Der Quotensachse«.

Gustav Kiepenheuer
VERLAG